EVA-MARIA BAST | MANUELA KLAAS

# Kölner
## Geheimnisse

### 50 SPANNENDE GESCHICHTEN AUS
### DER DOMSTADT

Bast, Eva-Maria; Klaas, Manuela
Kölner Geheimnisse – 50 spannende Geschichten
aus der Domstadt

EXPRESS in Kooperation mit:
Bast Medien GmbH, St. Ulrich-Str. 11, 88662 Überlingen
(verantwortlich)
4. Auflage 2025
ISBN: 978-3-946581-28-4

Copyright: Bast Medien GmbH
Ressortleitung: Heike Thissen
Lektorat: Simone Schelk
Covergestaltung: Jarina Binnig, Cornelia Müller, Carina Regauer
Layout: Homebase – Kommunikation & Design, Jarina Binnig
Grafik: Maps4News & HERE (Karte)
Satz: Carina Regauer
Druck: Mohn Media Mohndruck GmbH, Gütersloh

Ein Titel aus der preisgekrönten Reihe „Geheimnisse der Heimat"

# Inhalt

# Vorwort

*I*m RheinEnergie-Stadion, der zweiten großen, der weltlichen Kathedrale Kölns, gefällt es dem Stadionsprecher, die Besucher stets mit den Worten „Willkommen in der schönsten Stadt Deutschlands" zu begrüßen.

Wenn schon, dann: eine wilde Schönheit, dieses heilige Köln. Eine reife Schönheit mit Narben, die in ihren über 2000 Jahren unendlich viel erlebt und erlitten hat, aber mit pulsierendem jungen Leben. Von den Römern noch vor Christus mit Stadtrecht und langem Namen (Colonia Claudia Ara Agrippinensium) ausgestattet. Und seither immer irgendwie bedeutend. Von Franken erobert, von Wikingern überfallen. Im Mittelalter die größte Stadt Deutschlands mit der imposantesten Stadtmauer, gewaltiger noch als die von Paris. Zentrum des Katholizismus mit dem prächtigen Jahrtausend-Bauwerk Kölner Dom. Über 20 Jahre gehörte die Metropole am Rhein gar zur französischen Republik, später zum Königreich Preußen. Überstand die Kaiserzeit, bevor das grauenvolle Nazi-Regime am Ende zur nahezu kompletten Zerstörung der Innenstadt führte – mit dem großen Wunder mittendrin: dem unversehrten Dom.

Was das mit diesem Buch zu schaffen hat? Alle und alles hinterließ Spuren in *Coellen, Cöllen, Cölln, Cöln,* wie die Stadt über die Jahrhunderte ihren Namen veränderte, die bis heute zu besichtigen sind. Bei den Menschen, einer fröhlichen, weltoffenen Spezies, die das Alltagsleben in der, laut Volksmund, nördlichsten Stadt Italiens so angenehm leicht erscheinen lassen. Aber auch Spuren, die sich beim Wandern durch die kölschen Veedel an jeder Ecke finden.

Nicht nur die im Reiseführer vermerkten Erinnerungen an uralte und frische Stadtgeschichte, von den Überbleibseln der römischen Gründer über die Überreste der mittelalterlichen Befestigung und die zwölf wundervollen romanischen Kirchen bis zur spektakulären Eistüten-Skulptur von Claes Oldenburg auf dem Dach der Neumarkt-Galerie.

Nein, in Köln begegnet man im Grunde auf all seinen täglichen Wegen Erinnerungen an große Historie und kleine Geschichten. Oft, ja meist, ohne es zu ahnen und zu bemerken. Immer wieder hat sich der EXPRESS in Serien mit diesen manchmal rätselhaften Überraschungen im Stadtbild beschäftigt. Trotzdem ist es Eva-Maria Bast, der Erfinderin der „Geheimnisse"-Buchreihe, und ihrer Co-Autorin Manuela Klaas gelungen, echte Schätze in unserer Stadt zu finden und zu entschlüsseln, die selbst uns in der Redaktion nicht präsent waren.

Ob Sie, lieber Leser, gebürtiger Kölner sind, zugezogen oder die Stadt als Tourist besuchen: Nehmen Sie das Buch zur Hand und erkunden Köln einmal auf anderen Pfaden. Es wird Ihnen erkenntnisreiche Freude bereiten!

Herzlichst,

Ihr Uwe Hoffmann
Stellvertretender Chefredakteur Express

# Die Autorinnen

**Eva-Maria Bast**, Jahrgang 1978, arbeitet seit 1996 als Journalistin. 2011 gründete sie mit Heike Thissen das Redaktionsbüro „Büro Bast & Thissen", das 2013 in „Bast Medien" überging. Eva-Maria Bast initiierte und schreibt die Buchreihe „Geheimnisse der Heimat", die 2011 startete, rasch zu einem regionalen Bestseller wurde und die 2017 in 42 Bänden vorliegt. Sie wurde für ihre Arbeit mehrfach ausgezeichnet, unter anderem erhielt sie mit dem Südkurier für die „Geheimnisse" den Deutschen Lokaljournalistenpreis der Konrad-Adenauer-Stiftung in der Kategorie „Geschichte". 2012 begann Bast sich auch der Belletristik zu widmen. Neben zwei Krimis erschien ihre Mondjahre-Trilogie, eine zeitgeschichtliche Jahrhundert-Saga. Seit Juni 2015 ist sie Gastdozentin an der Hochschule der Medien Stuttgart. 2016 erweiterte Bast ihr Verlagsprogramm, unter anderem um die „Women's History", das erste deutschsprachige Magazin über Frauen in der Geschichte. Eva-Maria Bast lebt mit ihrer Familie am Bodensee.

**Manuela Klaas,** Jahrgang 1962, arbeitete nach ihrem Abitur drei Jahre als Maskenbildnerin am ehemaligen Opernhaus, Theater und Philharmonie Essen, bevor sie in der Kölner Südstadt und an der Université d'Aix-Marseille Sprachen studierte. Nach erfolgreichem Abschluss als Diplom-Übersetzerin widmete sie sich der Erziehung ihrer drei Kinder. Seit 2011 arbeitet Manuela Klaas als freie Journalistin für die Tageszeitung Südkurier in Überlingen am Bodensee. Hier lernte sie Eva-Maria Bast kennen, mit der sie sich seit 2014 auf Spurensuche für diverse Buch- und Zeitschriftenprojekte in Deutschland, der Schweiz und in Österreich begibt.

# 01

# Myriameterstein

## Zeitzeuge der Rheinschifffahrt

E r ist kantig, von allen Seiten beschriftet und ein Relikt aus längst vergangenen Zeiten: der Myriameterstein am Weißer Leinpfad. 1867 wurde er bei Rheinkilometer 679,49 in Köln-Weiß aufgestellt.

Wolfgang Niedecken, Frontmann der Kölschrock-Band BAP, ließ sich von der Inschrift, die sich auf der dem Rhein zugewandten Seite des quaderförmigen Steins befindet, zu dem Song „Suwiesu" inspirieren. „Mit fünfzig", so Niedecken, „habe ich beschlossen, etwas für meine Fitness zu tun und stieg aufs Rad. Bei Wind und Wetter fuhr ich vom Bayenthalgürtel bis zum Godorfer Hafen und wieder zurück. Und jedes Mal habe ich mich auf diesen verwitterten Stein am Wegesrand gefreut", erinnert sich der Musiker. „Dabei sprang mich die Zeile von Rotterdam bis Basel regelrecht an. Bisweilen reicht ein einfacher Satz, der einen ganzen Song triggert." Parallel dazu sandte ihm der Gitarrist der Band eine Musik, die dann zum Soundtrack seines Alltags wurde. „Mit dieser Musik lief ich herum, fuhr Fahrrad, und wenig später entstand die erste Zeile: Zwesche Rotterdam un Basel, sick Johrzehnte stromaufwärts un leer retour." Die traurige Geschichte eines Rheinschiffers.

Zwischen 1883 und 1919 wurden ab Basel auf beiden Ufern in einem Abstand von jeweils zehn Kilometern Vermarkungssteine aus Ibbenbürener Sandstein gesetzt und eine einheitliche Beschriftung festgelegt. Das Präfix „myria" kommt übrigens aus dem Griechischen und bedeutet Zehntausend, womit die einzelnen Abstände der Steine in Metern angegeben wurden. Die Begradigung des Oberrheins in den Jahren 1817 bis 1879 bedingte eine neue Vermessung des Stroms. Doch die erste durchgehende Vermarkung des 1232,7 Kilometer langen Flusses, der im Schweizer Kanton Graubünden entspringt und sich quer durch Deutschland bis an die niederländische Nordsee erstreckt, fand erst auf Anregung der „Central-Commission für die Rheinschiff-

*Die Inschrift auf der dem Rhein zugewandten Seite des Steins inspirierte Wolfgang Niedecken zu einem Song.*

11

fahrt" Mitte des 19. Jahrhunderts statt. Damals entwickelten die Rheinanliegerstaaten Baden, Frankreich, Hessen, Nassau, Holland und Preußen mit den Vermessungssteinen ein erstes System, um den Gesamtverlauf des Rheins – von der Mittleren Brücke in Basel bis zur Nordseemündung – zu erfassen.

Die autonomen Rheinuferstaaten vermaßen ihr jeweiliges Stromstück unabhängig voneinander. Die Kilometrierungen begannen mit einer Nullmarke an der Landesgrenze und liefen von dort stromabwärts.

Der Stein im Stadtteil Weiß steht nicht direkt am linken Rheinufer, sondern am parallel verlaufenden Weg, dem Leinpfad. Der Myriameterstein besteht – wie auch die meisten anderen – aus einem 60 mal 60 Zentimeter großen und 80 Zentimeter hohen Sockelstein, woran oben eine fünf Zentimeter hohe, abgeschrägte Fläche anschließt. Die Landseite trägt die Nummer des Steins in römischen Ziffern: *LI*, also 51. Darunter findet sich die Angabe *44.901 M* über *A.P.*, die die Höhe des Vermessungssteins über dem Amsterdamer Peil, dem Amsterdamer Pegel, angibt. Dieser entspricht dem festgelegten Nullniveau der amtlichen Bezugshöhe in Deutschland. Auf der Wasserseite wurden die Entfernungen von Basel – 510.000 Kilometer – und bis Rotterdam – 314.450 Kilometer – erfasst. Weiterhin sind tal- und bergseitig die Distanzen zu den nächsten Landesgrenzen vermerkt.

*Mit Moos bewachsen: der Myriameterstein am Weißer Leinpfad.*

„Im 19. Jahrhundert transportierte man massenhaft große Güter auf dem Wasserweg", erzählt Niedecken. „Der Rhein war schon immer eine wichtige Verkehrsader. Die Vermessungssteine sollten den Schiffern zur Orientierung dienen." Doch dies war nicht ganz so einfach, denn die Markierungen konnten vom Schiff aus nicht gelesen werden. Und so entschied man sich

1939 für eine neue Kilometrierung des Rheins, die von nun an auf weißen Betontafeln dargestellt wurde und weithin sichtbar war. Sie begann auch nicht mehr in Basel, sondern in Konstanz in der Mitte der Rheinbrücke mit dem Kilometer 0,0 und endete bei Kilometer 1032,8 westlich von Hoek van Holland, einem Stadtteil Rotterdams. Rechnet man den Durchfluss des Rheins durch den Bodensee sowie seinen Verlauf in der Schweiz hinzu, so kommt man wieder auf exakt 1232,7 Kilometer.

Der Quader, der seit preußischer Zeit im Auwaldgebiet des Weißer Bogens steht, ist heute der letzte erhaltene Myriameterstein

*„Im 19. Jahrhundert transportierte man massenhaft große Güter auf dem Wasserweg. Der Rhein war schon immer eine wichtige Verkehrsader. Die Vermessungssteine sollten den Schiffern zur Orientierung dienen."*

auf Kölner Boden. „Im Geheimen habe ich den Stein längst adoptiert", verrät Niedecken. „Vielleicht entspricht er mit all seinen Kanten und Ecken auch meinem eigenen Naturell. Er ist mir über die Jahre sehr ans Herz gewachsen."

*Manuela Klaas*

·····································································

## *So geht's zum Myriameterstein:*

*Der Stein steht linksrheinisch bei Rheinkilometer 679,49 im Stadtteil Weiß, jedoch nicht am Rheinufer, sondern am parallel dazu verlaufenden Weg.*

*Wolfgang Stöcker bekommt immer Lust auf Schokolade, wenn er diese Steine betrachtet.*

# 02

# Schokoladensteine
## Was vom Vulkanausbruch übrig blieb

An diesen Steinen würde man sich vermutlich die Zähne ausbeißen. Das ändert aber nichts daran, dass Historiker Wolfgang Stöcker immer dann, wenn er sie sieht, mächtig Lust auf Schokolade bekommt. Er findet nämlich, dass sie aussehen wie die leckere Süßigkeit, die eigentlich niemand so einfach ignorieren kann.

Und da hat er durchaus recht: Wie kleine Schokoladenstückchen stehen einzelne steinerne Elemente in Schokostückgröße aus dem

Stein heraus. „Das sind vulkanisch gebildete Kristalle, sogenannte Siebengebirgsdiamanten", erklärt Wolfgang Stöcker und deutet auf das Mauerwerk der Kirche Groß St. Martin. „Das Fachwort für diese Steine ist Sanidin, man findet die Kristalle im Drachenfelstrachyt." Entstanden ist der Drachenfels im Siebengebirge südöstlich von Bonn, als Magma im Erdinneren zwar aufstieg, es aber nicht schaffte, die Erdoberfläche zu durchbrechen, sondern unterirdisch erstarrte. Das ist ein Zustand, den Vulkanologen als „Quellkuppe" bezeichnen. Dieser Trachyt wurde bereits im Mittelalter abgebaut und am Rhein verwendet. In Köln findet er sich am Dom oder eben auch bei Groß St. Martin, wo besonders schöne Stücke erhalten sind. „Die Kristalle sind die kleineren Stücke, die wie Schokolade aussehen", sagt Wolfgang Stöcker. „Der umliegende Rest ist weicher und wurde über die Jahrhunderte leicht ausgewaschen. Dadurch stehen die kleineren Kristalle dann heraus."

> *„Das sind vulkanisch gebildete Kristalle, sogenannte Siebengebirgsdiamanten."*

Übrigens: Wer ein Gebäude entdeckt, an dem diese Steine verbaut sind, kann sicher sein, dass es vor 1836 errichtet wurde, dann stoppte die preußische Regierung den weiteren Abbau, eine der ersten staatlichen Naturschutzmaßnahmen. Deshalb ist der Drachenfels heute noch erhalten – und mit ihm die idyllische Burgruine, die darauf thront. Ein Ausflug lohnt sich, und die Mitnahme von Schokolade sei dringend empfohlen. Darauf bekommt man vor Ort nämlich mächtig Appetit!

*Eva-Maria Bast*

### So geht's zu den Schokoladensteinen:

*Sie sind in ganz Köln zu finden, nicht zuletzt am Dom. Besonders schöne Exemplare entdeckt man neben dem Eingang von Groß St. Martin.*

15

# 03

# Prinzessinnenhaus

## Eine außergewöhnliche Frau

Charlotte Elizabeth Diana of Cambridge. So heißt Ihre Königliche Hoheit, Prinzessin des Vereinigten Königreichs Großbritannien und Nordirland, Tochter von Prinz William und Herzogin Kate. Im Sommer 2017 entzückte die Kleine die deutsche Öffentlichkeit, als sie mit ihren Eltern und ihrem Bruder George Deutschland besuchte und an dem kleinen Blumensträußchen zupfte, das man ihr überreicht hatte. Während der Schwangerschaft von Herzogin Kate hatten die Engländer Wetten abgeschlossen, welchen Namen das royale Paar seinem Töchterlein wohl geben wird. Und da war immer wieder die Rede von Alice, der Mutter von Prinz Philip. Herzogin Kate soll ein Buch über sie gelesen und davon so ergriffen gewesen sein, dass sie den Namen ernsthaft in Erwägung gezogen habe.

Was das alles mit Köln zu tun hat? Nun, Alice lebte hier in den 1930er-Jahren, ganz bescheiden in einer kleinen Pension, wenn auch nur kurz. „Das weiß aber eigentlich keiner mehr", sagt Konrad Adenauer, Enkel des einstigen Bundeskanzlers. Und beginnt, die Geschichte von Prinzessin Alice zu erzählen. Deren Leben ist von der ersten Minute an tragisch. Denn die 1885 auf Schloss Windsor geborene Prinzessin ist taub, lernt jedoch Lippenlesen – mit 18 Jahren kann sie das in drei verschiedenen Sprachen – und auch ihre Aussprache ist klar und gut. Das ist der Strenge ihrer Mutter zu verdanken: „Der Familie sagte sie: Wenn Alice etwas nicht versteht, was ihr sagt, dann dürft ihr es nicht wiederholen. Sie muss lernen, es zu verstehen. Nur so kann sie später auf eigenen Füßen stehen", sagt Patricia Mountbatten, Nichte von Alice, in einem Dokumentarfilm des ZDF über „Die Schwiegermutter der Queen".

*„Mein geliebter Philip, sei tapfer und denke immer daran, dass ich dich nie verlassen werde. Du wirst mich immer finden, wenn du mich am meisten brauchst. All meine Liebe. Deine alte Mama."*

Alice findet die große Liebe: 1902, als sie 18 Jahre alt ist, lernt sie Prinz Andreas von Griechenland (1882-1944) kennen. Ihre Nichte, Lady Pamela Hicks, berichtet in der Dokumentation: „Sie war verrückt nach ihm." Er sei ausgesprochen unterhaltsam und charmant gewesen. 1903 geht Alice mit ihrem Gatten nach Griechenland, vier Töchter werden geboren. Dann zieht der erste Schatten über das junge Glück: Immer stärker wird die Spannung zwischen der Königsfamilie und den Griechen. Der Balkankrieg, in dem die Griechen gegen die Türken kämpfen, bricht aus. Alice sorgt dafür, dass Lazarette eingerichtet werden und kümmert sich dort unermüdlich selbst um die Verwundeten, stillt Blutungen, wickelt Verbände, wischt Erbrochenes weg. An ihre Mutter schreibt sie: „Gott, was haben wir gesehen, zerschmetterte Arme, Beine und Köpfe. Schreckliche Dinge. Berge von verschmutztem Verbandsmaterial, der Flur voller Blut." Der Krieg wird ihr Leben weiterbestimmen: Während des griechisch-türkischen Kriegs (1919-1922) flieht die Familie nach Paris, Baby Philip, gerade ein Jahr alt, reist in einer Orangenkiste, weil ihm nicht mal mehr ein Bettchen bleibt.

*In diesem Haus verbrachte eine außergewöhnliche Frau einige Monate ihres Lebens.*

In Paris eröffnet Alice ein kleines Geschäft, in dem sie Stickereien und Kunst verkauft. Sie will ihre Familie von den Einnahmen ernähren, denn auf den Gatten muss sie weitgehend verzichten, der verbringt die Zeit lieber mit seiner Mätresse. Alice flieht in die Einsamkeit, verfällt in Depressionen und widmet sich ihrem griechisch-orthodoxen Glauben. Die Mutter lässt ihre Tochter 1930 in eine Nervenheilanstalt des Dr. Stimmel einweisen, Alices Sohn Philip ist da gerade einmal acht Jahre alt. Auch Siegmund Freud wird konsultiert. Gegen den Willen der Mutter kehrt Alice zwar zurück zu ihrer Familie, wird dann aber erneut eingewiesen – wieder auf Veranlassung der Mutter, während Sohn Philip außer Haus bei einem Ausflug ist. Diesmal wird sie in die Nervenheilanstalt Bellevue ins schweizerische Kreuzlingen gebracht, und auch, wenn sie vom ersten Tag an fleht, doch wieder nach Hause zu dürfen – sie scheitert, ein Fluchtversuch misslingt. Alice bekommt nicht mit, dass ihre Töchter heiraten – allesamt in den europäischen Adel –, dass ihr Sohn Philip ins Internat Schloss Salem am Bodensee geschickt wird und dann zu Verwandten nach England kommt. Erst

18

im September 1932 wird Alice entlassen. Erfährt nun, dass es die Mutter war, die sie einweisen ließ, was zum Bruch mit der Familie führt. Alice wandert fünf Jahre mehr oder weniger umher – und in diesen Jahren kommt sie auch nach Köln. „Das Haus in der Bachemer Straße war ein Gästehaus, hier hat sie ganz bescheiden gelebt", sagt Konrad Adenauer.

Die Kölnerin Almut Reuter, deren Mutter die Gastwirtin von Prinzessin Alice war, erinnert sich in der ZDF-Dokumentation: „Sie kam mit der Taxe, ganz normal, wie andere Leute auch." Ein einziges Mal habe sie bei der Prinzessin auf dem Schoß sitzen dürfen, erzählt Almut Reuter. „Da hat sie gesagt: Wie mein Sohn. Wie Philip." Ihn sieht Alice wieder auf der Beerdigung ihrer Tochter Cäcilia und deren Kinder, die sie nie kennengelernt hatte. Die Familie kam 1937 bei einem Flugzeugabsturz ums Leben.

*„Da hat sie gesagt: Wie mein Sohn. Wie Philip."*

1938 geht Alice zurück ins wieder monarchische Griechenland, kauft eine Wohnung, wünscht sich, dass Philip zu ihr zieht. Keine leichte Entscheidung für den jungen Mann – letztendlich entschließt er sich aber, zur Royal Navy zu gehen – und da begegnet er der Liebe: Das englische Königspaar hat sich mit seinen beiden Töchtern zum Besuch angekündigt, Elisabeth verliebt sich in den griechischen Prinzen, der den hohen Besuch herumführt.

Im Zweiten Weltkrieg kümmert sich Alice erneut um die Hilfe-suchenden, wie einst im Balkankrieg. Sie engagiert sich in einer Suppenküche, und als 1943 auch in Griechenland mit der Deportation von Juden begonnen wird, versteckt sie die befreundete Familie Cohen ein Jahr lang in ihrem Haus. Die Gestapo kommt und stellt unangenehme Fragen, die stumme Alice kann (und will) keine Antworten geben, die Gestapo zieht wieder ab. 1994 wird sie für ihren Einsatz für die Familie Cohen von der Holocaust-Gedenkstätte Yad Vashem in Israel als „Gerechte unter den Völkern" ausgezeichnet.

1944 wird Athen, die Stadt, in der Alice lebt, befreit, 1947 verloben sich Philip und Elisabeth, im gleichen Jahr findet die Hochzeit statt. Alice nimmt teil – wie auch bei der Krönung ihrer Schwiegertochter zur Queen im Jahr 1953. Hier erscheint sie in der Kutte der Nonne, die sie jetzt ist, ganz in Grau, ihre Titel hat sie abgegeben, ihren Besitz verkauft, den griechisch-orthodoxen Orden für Schwestern, die „Religiöse Schwesternschaft Martha und Maria" und ein Waisenhaus gegründet.

Nach einem Militärputsch muss Alice 1967 wieder aus Griechenland fliehen. Zunächst weigert sie sich, das Land zu verlassen, auf Bitten ihrer Schwiegertochter, der Queen, geht sie dann aber doch und verbringt die letzten beiden Jahre ihres Lebens im Buckingham-Palace bei ihrem Sohn Philip. Endlich. Sie trägt Nonnenkleider, raucht Pfeife, und kurz vor ihrem Tod am 5. Dezember 1969 schreibt sie an ihren Sohn, an den sie auch dachte, als sie in Köln ein fremdes Mädchen auf dem Schoß hielt: „Mein geliebter Philip, sei tapfer und denke immer daran, dass ich dich nie verlassen werde. Du wirst mich immer finden, wenn du mich am meisten brauchst. All meine Liebe. Deine alte Mama."

*Eva-Maria Bast*

...................................................................................

### *So geht's zum Prinzessinnenhaus:*

*Es steht in der Bachemer Straße 8 in Köln-Lindenthal.*

Dr. Bettina Schmidt-Czaia zeigt auf das kleine vergitterte Fenster, das mit einer Holzklappe verriegelt werden kann und dem Rat im späten Mittelalter wertvolle Dienste erwies.

*04*

# Vergittertes Fenster

## Das geheime Guckloch des Rats

Eher unscheinbar wirkt das kleine vergitterte Fenster mit Blick auf die Bürgerstraße im Ratsturm. Um es überhaupt entdecken zu können, muss man sich tief in einer Ecke des Senatssaals über das reich mit Intarsien verzierte Gestühl beugen, das im Jahr 1602 von dem Kunstschreiner Melchior von Rheidt (ca. 1590-1624) gefertigt wurde. Was heutzutage niemand mehr vermutet: Das quadratische, mit einer hölzernen Klappe versehene Fenster hatte im späten Mittelalter eine immens wichtige Bedeutung.

„Das winzige Fenster diente als Guckloch – oder wenn man so will – zu Spionagezwecken, um während der Ratssitzungen die Lage in der Bürgerstraße im Auge zu behalten", berichtet die Kölner Stadtarchiv-Direktorin Dr. Bettina Schmidt-Czaia. „So sollten ein Zusammenrotten der Bürger und etwaige Aufstände schnell erkannt und im Keim erstickt werden."

*Das geheime Guckloch des Rats.*

Gleichzeitig fiel der Blick aber auch auf das Vorfeld des Domplatzes, wo die erzbischöfliche Kurie ihren Sitz hatte. „Durch den kleinen Ausguck erspähte man vorzeitig die Boten des Erzbischofs, wenn sie mit einer Nachricht an den Rat herbeieilten", erzählt sie.

Die ungeliebten Erzbischöfe, die gegen den Rat und um die weltliche Macht kämpften, hatte man zwar schon im Jahr 1288 mit der Schlacht bei Worringen aus der Stadt gedrängt. Sie mussten fortan in Bonn und Brühl residieren. „Trotzdem oblagen ihnen noch weitgehende Rechte, insbesondere die Blutgerichtsbarkeit", berichtet Bettina Schmidt-Czaia. „Es sollte noch bis zum Ende des 15. Jahrhunderts dauern, dass Köln offiziell zur Freien Reichsstadt erhoben wurde und der damalige Erzbischof von dannen zog."

Der Kölner Rat blickt auf eine bewegte Geschichte zurück: „Mit dem Verbundbrief, der am 14. September 1396 in Kraft trat, gab sich Köln zum ersten Mal eine eigene Verfassung", erläutert die Stadtarchiv-Direktorin. „Zuvor waren die herrschenden Geschlechter, die sich selbst in internen Kämpfen aufgerieben hatten, von reich gewordenen Handwerksmeistern und Kaufleuten in einem nahezu gewaltlosen Aufstand aus ihren Machtpositionen vertrieben worden. Mit dem Verbundbrief fand man eine Verfassungsform, die das Regieren einiger weniger Familien verhindern sollte." Die männlichen Bürger organisierten sich in 22 „Gaffeln". Die Kölner Gaffeln waren politische Genossenschaften, zu denen sich ursprünglich Kaufleute zusammengeschlossen hatten. Später wurden sie auf die ständischen Körperschaften der Handwerker, die Zünfte, erweitert. Zweimal jährlich – an Johanni und Weihnachten – wählten die Gaffeln 36 Ratsvertreter. Die Weber, deren

Gaffel als die bedeutendste galt, stellten vier Ratsherren, elf Gaffeln je zwei und zehn Gaffeln je einen Vertreter. Diese 36 bestimmten wiederum 13 weitere Ratsherren aus der Gemeinde, das sogenannte „Gebrech". Weiterhin benannte jede Gaffel zwei Mitglieder, die als Kontrollinstanz fungierten, der Zusammenschluss der „Vierundvierziger". Zudem wurden zwei angesehene Männer aus der Gemeinde gewählt, die als Bürgermeister die Stadt nach außen repräsentierten.

„Der Gedanke des Gemeinwohls lag dem Verbundbrief zugrunde. Jeder Bürger war verpflichtet, sich einer Gaffel anzuschließen", erläutert Bettina Schmidt-Czaia. „Köln war im wahrsten Sinne des Wortes in guter Verfassung."

Dennoch hatte die Beobachtung durchaus seine Berechtigung. „Im späten 15. Jahrhundert wurden die Bestimmungen des Verbundbriefs zum Teil nicht mehr beachtet", sagt die Stadtarchivarin. „Die Gaffeln büßten ihren Einfluss zugunsten kleiner Zirkel von Ratsmitgliedern ein, die informelle Kränzchen bildeten, den sprichwörtlichen Kölner Klüngel." Die Unzufriedenheit zahlreicher Bürger mit dem Ratsregiment entlud sich in einer Folge gewaltsamer Proteste. 1513 stürmten die Aufständischen das Rathaus und setzten den alten Rat ab. Im 16. Jahrhundert entfernten sich die Ratsherren immer weiter von der Bürgerschaft. Stadtpolitik wurde – wie dies schon vor 1396 der Fall gewesen war – mehr und mehr zur Aufgabe einiger weniger Familien. Diese Machenschaften provozierten Revolten, die in Abständen von 50 bis 80 Jahren ausbrachen.

*Das kleine quadratische Fenster von der Bürgerstraße aus gesehen.*

„Ende des 19. Jahrhundert wurde der Ratsturm umgebaut. Bei dieser Gelegenheit mauerte man das einst so wichtige Guckloch zu", erzählt Bettina Schmidt-Czaia. Bei der Instandsetzung des Senatssaals in den 1930er-Jahren stießen Handwerker auf das geschichtsträchtige Quadrat. „Baulich wurden im Raum die ursprünglich gotischen

Laibungen der hohen Fenster wiederhergestellt. Dabei deckte man einen kleinen Auslug zur Bürgerstraße auf und ließ ihn frei", schrieb die Kunsthistorikerin Hanna Adenauer (1904-1978), eine Nichte des ehemaligen Kölner Oberbürgermeisters und späteren Bundeskanzlers Konrad Adenauer (1876-1967). Eine Beschreibung, die der Journalist Peter Fuchs (1921-2003) im Jahr 1973, fünf Jahre vor Hanna Adenauers Tod, in dem Buch „Das Schicksal des Kölner Rathauses vor, während und nach dem Zweiten Weltkrieg" veröffentlichte und somit die Fährte zur Geschichte des Fensters legte. Hanna Adenauer war es auch, die sich für die Freilegung des kleinen Fensters einsetzte.

Sie betreute noch bis ins Jahr 1975 die Wiederherstellung des zwischen 1407 und 1414 errichteten 61 Meter hohen Ratsturms, der im Zweiten Weltkrieg weitestgehend zerstört worden war. „In früheren Jahrhunderten verwahrte man die Rechte, also die Privilegien der Stadt, im allerersten Archiv in einem Gewölbe im Ratsturm", berichtet Bettina Schmidt-Czaia. „Darunter befanden sich das Waffenlager des Rats und eine Etage tiefer der Weinkeller. Im alten Ratssaal wurden Beschlüsse gefasst", erzählt die Stadtarchiv-Direktorin schmunzelnd. „Anstelle von Tagegeld gab es Wein für die Ratsherren. Und der musste entsprechend hier im Ratsturm gelagert werden."

Das wenig auffällige Guckloch kann man indes auch bei genauem Hinsehen von der Bürgerstraße aus erblicken: Es befindet sich dezent versteckt im ersten rechten Bogen direkt über einem vermauerten Fenster. Aber keine Sorge: Die Bürger Kölns werden durch das kleine Fenster nicht mehr observiert.

*Manuela Klaas*

---

## So geht's zum vergitterten Fenster:

*Es befindet sich in der zweiten Fensterreihe unterhalb des äußeren rechten Bogenfensters an der Nordseite des Historischen Rathauses. Der Senatssaal ist nur bei Führungen zugänglich.*

*Elke Hecker erzählt, warum der Steinerne über dem Eingang so streng schaut.*

05

# Petrus

## Ein Kölsch genehmigt der Schutzpatron immer

Kaum jemand nimmt ihn wahr, den stummen Beobachter über der Haupteingangstür des Brauhauses Früh am Dom. Würde man ihn entdecken, könnte einem leicht der Schluck im Halse stecken bleiben vor Schreck. Denn der Steinerne schaut mit ausgesprochen strenger Miene auf die fröhlichen Zecher herab. Gefällt dem Mann etwa nicht, dass die Kölner sich literweise den Gerstensaft schmecken lassen? Das ist doch das Normalste der Welt!

Gästeführerin Elke Hecker weiß, dass der Schlechtgelaunte das mit dem Kölsch schon ganz in Ordnung findet, allerdings jeden Grund für seinen Gesichtsausdruck hat: „Er hat ein Schwert im Kopf und einen Dolch im Herzen. Wer würde da nicht so gequält schauen!" Der dieserart dreinblickende *St. Petrus Martyr,* wie die Inschrift des Reliefs verrät, Petrus von Mailand, ist kein anderer als der Schutzpatron der Kölner Brauer. Warum ausgerechnet ihm diese Ehre zuteil wurde? „Die Brauer benötigten wie jede andere Zunft, einen Schutzheiligen. Wenn der Dominikanermönch auch vermutlich nie selbst ein leckeres Kölsch probiert hat, weil er nie in Köln war, sollte er dennoch dafür sorgen, dass der Durst der Gäste nicht nachlässt, dass die Gerste- und Hopfenernte reich ausfällt und dass die Fässer immer voll sind. Außerdem habe man einen Schutzheiligen gebraucht, der bei mit zu viel Biergenuss einhergehenden Kopfschmerzen behilflich sein kann. Und diese Fähigkeit wird Petrus von Mailand, 1205 in Verona geboren, nachgesagt. „Er war ein unermüdlicher Kämpfer für den Glauben, der eines Tages denen zum Opfer fiel, die er jagen sollte. Den Schädel mit einem Schwert gespalten, das Herz von einem Dolch durchstochen, damit hatte er alle Voraussetzungen für einen Heiligen erfüllt: Er

*Dem Heiligen Petrus vorsorglich zuzuprosten, ist bei Kopfschmerzen vielleicht hilfreich.*

war tot und er war ein Märtyrer", bringt es Elke Hecker auf den Punkt.

Die Kölner Biergeschichte ist viel älter als das Kölsch. „Obwohl schon die alten Sumerer vor mehr als 6000 Jahren einen Vorläufer des

Gerstensaftes aus vergorenem Getreide tranken, sollte es noch eine ganze Weile dauern, bis das Bier nach Germanien schwappte", beginnt Elke Hecker, die auch Brauhausführungen anbietet, zu erzählen. „Im Mittelalter wurde das Bier quasi lebenswichtig. Da die Qualität des Wassers sehr schlecht war, trank man einfach Bier. Der Gerstensaft wurde so zu einem Grundnahrungsmittel, auch für Kinder." Gebraut und weiterentwickelt wurde das Kölsch von Mönchen, die die Rezepte lesen und weitergeben konnten. Aber auch Frauen hätten zuhause zur Versorgung der Familie eigenes Bier hergestellt, sagt Elke Hecker. „Um dem faden Gerstensaft Geschmack zu verleihen, setzte man Kräuter zu, manchmal auch besondere Zutaten wie Tollkirschen oder Fliegenpilze, die Halluzinationen verursachten."

In Köln beginnt die Biergeschichte im frühen Mittelalter, vor etwa 1000 Jahren – bei den Bäckereien. „Alles, was mit Getreide zu tun hatte, war Sache der Bäcker", sagt Elke Hecker. „Das erfahren wir schon aus Grimms Märchen. Da tanzt das Rumpelstilzchen nachts um das Feuer und singt ‚Heute back' ich, morgen brau' ich …'" Am Backtag entstand aus dem Getreidebrei Brot, am Brautag wurde sehr viel Wasser zugefügt, sodass aus dem Brotteig Bier wurde. „Der Bierdurst war wohl gewaltig, denn im Laufe der Zeit entwickelte sich der Hausbräu immer mehr zum gewerblichen Braubetrieb. Kölner Brauer und Mönche schlossen sich 1396 zu einer Bruderschaft zusammen", sagt die kundige Kölnerin.

Jahrhundertelang braute man den mit einem Kräutersud versetzten Gerstensaft, und schon 1412 schrieben die Kölner das erste Reinheitsgebot fest – mehr als 100 Jahre, bevor das heute noch gültige deutsche Reinheitsgebot 1516 verfasst wurde.

Noch bis zum Ende des 19. Jahrhunderts wurde in den fast 150 Hausbrauereien Kölns Bier gebraut. „Das hatte allerdings mit dem heutigen Kölsch wenig gemein", unterstreicht Elke Hecker. „Das Bier enthielt sehr viel Hopfen, der es zwar haltbarer, aber auch bitter machte. Außerdem hatte es viel Alkohol und war trüb mit grobporigem Schaum", beschreibt die Bierkennerin. „Die Gärung hing von der Temperatur ab, Qualität und Menge der Zutaten variierten stets, sodass das Ergebnis im Fass nie einheitlich war und nur mit Glück ein schmackhaftes Bier dabei herauskam." Das änderte sich, als Carl von

Linde (1842-1934) im Jahr 1876 den Kühlschrank erfand. Nun konnte man planmäßig und in größerem Stil brauen, eine Haltbarmachung durch die Zutaten war nicht mehr notwendig, dafür sorgte nun die Kühlung.

Von jetzt an wurde das helle, klare, obergärige Bier mit feinporigem Schaum gebraut, das von der Sünner-Brauerei 1918 zum ersten Mal die Bezeichnung „Kölsch" erhielt. Fortan entstanden immer mehr „Kölsch"-Sorten, bis im Zweiten Weltkrieg die Kölner Brauereien größtenteils zerstört wurden. Aus Mangel an Rohstoffen und Braubetrieben entstand erneut ein Wildwuchs an obergärigem und untergärigem Gebräu, dessen vielfältige, unterschiedliche Sorten sich alle „Kölsch" nannten. „Die Kölner Brauer erkannten, dass Festlegungen für die Marke „Kölsch" nötig sind", beschreibt Elke Hecker die damaligen Umstände. „Die Brauer beschlossen, sich die heimische Bierspezialität ‚Kölsch' schützen zu lassen. 1985, also vor gar nicht allzu langer Zeit, gründeten sie die Kölsch-Konvention, der sich 24 Kölsch-Brauer freiwillig anschlossen und in der geregelt ist, wann ein Kölsch sich Kölsch nennen darf."

*„Und wenn die Kränze erst einmal kreisen, wir einstimmen ins ‚Drink doch ene met' und einfach nicht genug bekommen vom leckeren Kölsch, dann kann es schon mal sein, dass uns morgens der Schädel brummt."*

Elke Hecker kennt die wichtigsten Grundsätze: Erstens: Es darf nur von Brauereien im Kölner Stadtgebiet gebraut werden und von denen, die Bestandsschutz haben, weil sie bereits vorher außerhalb der Stadtgrenzen gebraut haben. Zweitens: Es muss ein obergäriges, helles, hochvergorenes, hopfenbetontes, blankes Vollbier mit einer festgelegten Stammwürze sein. Drittens: Es muss nach dem deutschen Reinheitsgebot von 1516 gebraut sein. Viertens: Die „Stange" ist das einzige legitimierte Kölschglas.

1997 bescheinigte die EU die geschützte Herkunft der Marke. „Damit ist Kölsch eines der wenigen Getränke, das als Europäisches Regionalgetränk eingestuft ist, neben Chianti, Bordeaux und Champagner, was ein Qualitätsmerkmal darstellt", freut sich Elke Hecker.

Heute, sagt sie, gebe es mit dem „Päffgen" und der „Malzmühle" nur noch zwei echte Brauhäuser in der Innenstadt. „Echte" Brauhäuser definiert die Kölnerin so: „Wo getrunken wird, wird auch gebraut." Alle anderen der rund 30 Kölschsorten würden in modernen Großbrauereien gebraut, die oftmals weitere Kölschsorten im Lohnbrau produzierten. „Wir können uns heute in zahlreichen Brau- und Bierhäusern, Kneipen und Gaststätten das Kölsche Nationalgetränk in bester Qualität durch die Kehle rinnen lassen", freut sich Elke Hecker. „Und wenn die Kränze erst einmal kreisen, wir einstimmen ins ‚Drink doch ene met' und einfach nicht genug bekommen vom leckeren Kölsch, dann kann es schon mal sein, dass uns morgens der Schädel brummt." Und dann, meint die Kölnerin, helfe das ganz gewiss: „Zum Heiligen Petrus, dem Schutzpatron der Bierbrauer beten. Denn wenn einer sich auskennt mit Kopfschmerz, dann ist es ganz gewiss Petrus von Mailand."

Kleiner Tipp am Rande: Dem Steinernen ab und an mal zuprosten, bevor der Schädel brummt. Durch diese freundliche Geste ist er später vielleicht noch eher bemüht zu helfen.

*Eva-Maria Bast*

..........................................
## So geht's zu Petrus:

*Er ist über dem Eingang der Brauerei Früh, am Hof 12, angebracht.*

# 06

# Gleise

## Aus der Achse gerutscht

D iese Schienen ergeben keinen Sinn. Nicht nur, dass sie mitten auf der Straße enden: Würde man sie weiterführen, würden sie im Rhein landen. Sie verlaufen auf der südöstlichen Seite der Hohenzollernbrücke und enden im Bereich der Aussichtsplattform. „Anhand dieser Schienenreste kann man wunderbar die Brückensituation vor dem Zweiten Weltkrieg rekonstruieren", erzählt der passionierte Köln-Kenner Stefan Conée, der umfangreiche Berichte und Ordner zur Geschichte der Hohenzollernbrücke und Eisenbahn besitzt.

Deshalb beginnt seine Erzählung auch 1839, in dem Jahr, als die erste Eisenbahnstrecke nach Köln gebaut wurde. Und die führte ausgerechnet an einen Ort, der für die Kölner heute ungemein wichtig ist: Nach Müngersdorf, wo sich inzwischen das Rheinenergiestadion befindet. „Die Strecke war das erste Teilstück einer bis nach Aachen führenden Eisenbahnlinie und 1843 die erste internationale Verbindung Europas nach Antwerpen", sagt Stefan Conée. Das Teilstück endete am Bahnhof Belvedere Müngersdorf, das Empfangsgebäude steht immer noch und ist das älteste original erhaltene Bahnhofsgebäude Deutschlands. Streitigkeiten mit Aachen führten am 9. Juli 1837 zur Gründung der „Rheinischen Eisenbahn-Gesellschaft". Sie war ein Zusammenschluss der Rheinischen Eisenbahn-Gesellschaft aus Köln und der Preußisch-Rheinischen Eisenbahngesellschaft.

Die Rheinische Eisenbahn-Gesellschaft war eine von drei Eisenbahngesellschaften auf der linken Rheinseite, es gab noch die Bonn-Cölner Eisenbahn-Gesellschaft und die Cöln-Crefelder Eisenbahn-Gesellschaft. Auf der rechten Rheinseite, im damals eigenständigen Deutz, gab es zwei, die Bergisch-Märkische Eisenbahn-Gesellschaft sowie die Köln-Mindener Eisenbahn-Gesellschaft.

Jede Eisenbahngesellschaft betrieb eine andere Bahnstrecke. „Die links- und rechtsrheinischen Linien waren aber nicht miteinander

*Stefan Conée macht die Grätsche über den Gleisen.*

verbunden", erklärt Conée. Daher baute man die „Dombrücke" und im selben Zuge den „Centralbahnhof", die beide 1859 eröffnet wurden. „Am Anfang war es nur eine Brücke mit zwei Gleisen für die Eisenbahn und später zwei Gleisen für die Straßenbahn. Von dieser allerersten Straßenbahn stammen auch die Gleisreste nördlich der Brücke." An den Gleisen könne man erkennen, dass sich die Brücke früher etwas weiter südlich befand – genau in der Achse mit dem Dom. „Das war auch das Ziel: dass man mit dem Zug genau auf den Dom zufährt", erklärt Stefan Conée.

Die damalige Situation darf man sich nicht vorstellen wie jetzt, wo die Straßenbahn abgetrennt von Gittern in der Mitte zwischen den Fußgängerwegen durchrauscht. „Die Gleise waren, wie man immer noch an dem kleinen Schienenstück sehen kann, in die umliegenden Pflastersteine eingebettet, sodass der Bereich auch von den damals noch seltenen Autos und Radfahrern genutzt werden konnte." Seinerzeit habe die Bahn, die die Kosten für den Bau der Brücke trug, einen Zoll erhoben, der an beiden Seiten in kleinen Häuschen zu entrichten war. „Die Brücke sah ganz anders aus als heute", sagt Stefan Conée. „Es handelte sich um eine Kastenbrücke, die auch Mausefalle genannt wurde. Sie war von lauter Gitterstäben umgeben." Zwei Kästen nebeneinander habe es gegeben, einen für die Eisenbahn und einen für die Straßenbahn. Die Brücke für die Straßenbahn wurde jedoch abgerissen, weil sie für den Verkehr des 19. Jahrhunderts nicht ausreichte.

*Die Hohenzollernbrücke: ein Prachtbau.*

Man plante den Neubau, die Bauarbeiten dauerten von 1907 bis 1911, bis Kaiser Wilhelm II. (1859-1941) die Brücke am 22. Mai 1911 höchstpersönlich einweihte. Diese, sagt Stefan Conée, sei sehr prachtvoll gewesen: „Dem damaligen Baugeschmack entsprechend, war sie reich verziert mit Türmchen und Portalen im neuromanischen Stil." An den Brückenaufgängen standen die heute noch erhaltenen Reiterstandbilder. Sie war auch keine Kasten-, sondern eine Bogenbrücke und hatte drei Stränge. Diese zweite Brücke, die Hohenzollernbrücke, stand in der gleichen Achse wie die erste. Die heute noch erhaltenen Straßenbahnschienen führten nun also noch nicht ins Leere, sondern als damals einzige Rheinquerung für Straßenbahnen zum Hauptverkehrsknotenpunkt für Straßenbahnlinien am Domchor.

Mit dem Ersten Weltkrieg gewann die Brücke für das Militär strategische Bedeutung. In der ersten Augusthälfte 1914 wurden unzählige Soldaten und Kriegsmaterial mit insgesamt 2.150 Zügen über sie gefahren und an die Westfront gebracht. Viel genutzt wurde die Brücke auch im Zweiten Weltkrieg, trotzdem blieb sie von Luftangriffen weitgehend verschont. Es war die deutsche Wehrmacht unter Gauleiter Josef Grohé, die die Brückenpfeiler am 6. März 1945 zerstörte, als die Amerikaner von Westen her in die Innenstadt vorrückten. Beim Wiederaufbau der Hohenzollernbrücke wurde die Straßenbrücke weggelassen, stattdessen setzte man rechts und links der Eisenbahnbrücken Gehwege an. Zudem ist der heute südliche Brückenzug nicht der südliche von damals, sondern der mittlere. Dadurch ist die Brücke etwas nach Norden gerückt, und die Gleise vom seinerzeit südlichen Brückenzug laufen ins Leere.

Tausende schlendern heute über die Brücke, die Gitter sind über und über mit den Schlössern Liebender behängt. Rund 1220 Züge rauschen jeden Tag über die Gleise, im Jahr 2017 ist die Hohenzollernbrücke die meistbefahrene Eisenbahnbrücke Deutschlands. Das Geräusch der hinüberfahrenden Züge gehört zu Köln, fast schon wie der Dom.

*Eva-Maria Bast*

## *So geht's zu den Gleisen:*

*Sie liegen auf der Deutzer Seite der Hohenzollernbrücke auf der Südseite.*

# 07

# Statue

## Die Königin von Saba trägt Dior

A m Dreikönigenportal an der Westfassade des Doms sticht
eine Figur ganz besonders ins Auge: Es scheint, als sei die
anmutige Statue mit den weiblichen Rundungen direkt vom
Laufsteg an die Kathedrale gekommen. Ein figurbetontes,
weich fallendes Kleid umschmeichelt die schmale Taille und betont
zugleich die wohlgeformte Oberweite – ein, wenn man so will, auf den
Körper geschneidertes Luxusgewand.

„Die Figur stellt die Königin von Saba dar", erklärt Stadtführer
Günter Schwanenberg. „Die erste Frau, die am Dom als Bildhauerin
tätig war, Elisabeth Baumeister-Bühler, schuf die Skulptur der legen-
dären Herrscherin Ende der 1950er-Jahre neu, nachdem die ursprüngliche Figur im Zweiten Weltkrieg bei einem der verheerendsten
Angriffe auf Köln zerstört wurde."

Womit Günter Schwanenberg die Nacht zum 30. Juni 1943
anspricht, in der eine britische Fliegerbombe eine große Lücke in einen
der Stützpfeiler des Nordturms riss. Die Wucht der Detonation
sprengte nicht nur einen Teil der tragenden Strebe in die Luft. Auch
die darunter stehende Königin von Saba aus dem 19. Jahrhundert nebst
ihrer steinernen Nachbarn zur Linken, Hiob, Abel und Japhet – allesamt biblische Gestalten aus dem Alten Testament – wurden schwer
beschädigt. Bei den beiden Figuren zu ihrer Rechten – Ezechias und
Balthasar – sowie den inneren vier Figuren auf der rechten Seite des
Portals – Melchior, Josias, David und die Witwe von Sarepta – wurden
die Köpfe sowie ein Teil der Hände und Attribute zerstört. Sie mussten
in den Nachkriegsjahren zum Teil aufwändig ergänzt werden. Die
Skulpturen waren ursprünglich von Bildhauer Peter Fuchs (1829-
1898) zwischen 1872 und 1880 im neugotischen Stil gefertigt worden.

Elisabeth Baumeister-Bühler (1912-2000) war eine von mehreren
Bildhauern, die vom damaligen Dombaumeister der Nachkriegszeit,
Willy Weyres (1903-1989), mit der Erneuerung der Portalskulpturen

*Haute Couture – die Königin von Saba trägt Dior.*

*Günter Schwanenberg am Grab der Dombildhauerin Elisabeth Baumeister-Bühler auf dem Kölner Südfriedhof.*

beauftragt wurden. Zwischen 1958 und 1962 schuf sie die Großplastiken am Dreikönigenportal, darunter auch die Königin von Saba.

Bei ihrer Arbeit wurde der Dombildhauerin viel schöpferischer Spielraum gewährt, denn Weyres befürwortete, Zerstörtes nicht durch nachahmende Kopien, sondern durch moderne Neuschöpfungen zu ersetzen. Und so kam es, dass Elisabeth Baumeister-Bühler die Herrscherin aus dem Alten Testament in ein feminin-elegantes Abendkleid hüllte. Doch wer war die von der Dombildhauerin so schmeichelhaft eingekleidete Dame überhaupt? Verweise auf die sagenumwobene Königin finden sich in den alttestamentlichen Geschichtsbüchern im 1. Buch der Könige (ca. 6. Jh. v. Chr.) und im 2. Buch der Chronik (ca. 5. Jh. v. Chr.). Demzufolge ist die Königin von Saba eng mit der Geschichte von König Salomon (990 v. Chr.-931 v. Chr.) in Jerusalem verwoben, der – nach Darstellung der Bibel – im 10. Jahrhundert v. Chr. Herrscher über das Vereinigte Königreich Israel war. Salomon, der nach Saul und David als dritter König Israels den Thron bestieg, galt als weiser Richter. „Seine salomonischen Urteile sind legendär", sagt Günter Schwanenberg, „König Salomon avancierte zum Idealbild des mächtigen und weisen Herrschers, was auch der Königin von Saba nicht entging." Diese stattete dem Regenten einen Besuch ab, um seine Weisheit zu testen. Nachdem sie Salomon unzählige Rätselfragen gestellt hatte und er ihr keine einzige Antwort schuldig blieb, erkannte die Königin von

Saba, dass Salomon mehr Weisheit besaß, als sie zuvor vermutet hätte.

Eine schöne Geschichte. Letztendlich gibt es Indizien sowohl für die historische Existenz von Salomon als auch der Königin von Saba. So lebte um 740 v. Chr. – zwei Jahrhunderte später, als die damalige Regierungszeit von König Salomon offiziell berechnet wurde – ein König Sa-la-ma/-nu in Moab, einem antiken Kleinstaat in Palästina, und eine arabische Königin mit Silbenschreibung Za-bi-be (als Konsonantenschreibung ZBB = Zabba/Sabba).

Günter Schwanenberg, der sich mit musikalisch-literarischen Spaziergängen auf dem Kölner Südfriedhof einen Namen gemacht hat, ist fasziniert von der aufwändig gestalteten Figur. „Im Nachlass von Elisabeth Baumeister-Bühler fanden sich die Werkzeichnungen mit dem Entwurf der Königin von Saba sowie ein Dior-Katalog aus den 1950er-Jahren", berichtet der Stadtführer. „Daraus geht hervor, dass das Kleid, das die Skulptur am Dom trägt, aus einer Haute Couture-Kollektion Christian Diors stammt und bereits in Paris Aufsehen erregte."

*„In ihrem Nachlass fanden sich die Werkzeichnungen mit dem Entwurf der Königin von Saba sowie ein Dior-Katalog aus den 1950er-Jahren."*

*Manuela Klaas*

......................................

## *So geht's zur Statue:*

*Die Königin von Saba ist die zweite Figur auf der linken Seite am Dreikönigenportal. Das Portal befindet sich an der Westfassade des Doms, links vom Hauptportal.*

*Bruno Knopp zeigt auf die markanten Spuren im schmiedeeisernen Zaun.*

## 08

# Schussspuren
## Stumme Zeugen eines heftigen Scharmützels

Versteckt hinter Zäunen und einer hohen Mauer liegt an der Luxemburger Straße im Stadtteil Sülz das Wasserschloss Weißhaus. Es ist von einem großen Park umgeben, der zur Luxemburger Straße hin von einem alten schmiedeeisernen Zaun des ausgehenden 19. Jahrhunderts begrenzt wird. Bruno Knopp, der sich bestens in der Geschichte Kölns auskennt, geht stets mit wachem Blick durch die Stadt, insbesondere durch seinen Heimat-Stadtteil Sülz. Der Diplom-Geograph kann schon berufsbedingt nicht anders, als sich seine Umgebung genau anzusehen. Und so fielen ihm eines Tages mehr als 60 Einkerbungen am schmiedeeisernen Zaun des Weißhaus-Schlösschens auf: Überwiegend Spuren von Projektilen, die mutmaßlich von Maschinengewehren stammen. Knopp ließen die stummen Beweise eines wohl in Vergessenheit geratenen Ereignisses keine Ruhe, und er begann zu recherchieren. Mit Hilfe von Zeitzeugen fand er heraus, dass sich am 5. März 1945, jenem Tag, an dem die amerikanischen Streitkräfte in Köln einmarschierten, vor dem herrschaftlichen Anwesen ein heftiges Scharmützel ereignet haben soll. Zu diesem Zeitpunkt lag das Weißhaus vermutlich längst in Schutt und Asche. Der letzte Luftangriff der Alliierten auf das linksrheinische Köln hatte drei Tage zuvor stattgefunden.

„Als die Amerikaner über die Luxemburger Straße Richtung Innenstadt und Rhein vorrückten, stießen sie beim Weißhaus auf ein Widerstandsnest", mutmaßt Knopp. „Wahrscheinlich hatte sich eine kleine Kampfgruppe in der Ruine versteckt und es kam zu einem Schusswechsel", führt der Geograph seine Überlegungen fort. Heute kann man die Winkel der Schießerei noch genau nachvollziehen. „Ich vermute, dass es sich hier vor allem um Schussspuren der Amerikaner handelt, da die meisten anscheinend von außen auf den Zaun trafen oder ihn streiften", konstatiert Bruno Knopp. Darunter befänden sich auch einige Querschläger. Es sind nach Einschätzung eines Bundeswehr-Veteranen und Experten für Militärwaffen Spuren großer Projektile von Maschinengewehren zu sehen. „Meine Theorie ist folgende", so Knopp: „Soldaten der 104. US-Infanteriedivision „Timberwolf" kamen von Sülz und Klettenberg her die Luxemburger Straße hoch. Die Soldaten der Division aus dem Westen und Nordwesten der USA rückten wohl in einer Schützenkette vor. Vermutlich fuhren auch Panzer des 750. Panzerbataillons in vorderster Front. Gleich zu Beginn des Zauns kam es zu einem massiven Schusswechsel, wobei die Schießerei wohl ziemlich schnell vorbei war, denn ein Stück weiter im Zaun finden sich keine Einschläge mehr."

Was wirklich passiert ist, darüber lässt sich heute nur noch spekulieren. „Es ist gut möglich, dass die Infanteristen der US-Armee während der Kampfhandlungen das Widerstandsnest ausräucherten", spinnt Knopp den Faden weiter. „Zumindest gibt es Schussspuren, die darauf hindeuten." Während er das sagt, geht Knopp nochmal am Zaun

> „Wahrscheinlich hatte sich eine kleine Kampfgruppe in der Ruine versteckt und es kam zu einem Schusswechsel."

*Stummes Zeugnis eines heftigen Scharmützels. Heute ein sicherer Platz für kleine Glücksbringer.*

entlang: „Ich kann nirgends Zeichen von Panzergranaten entdecken. Es ist belegt, dass die Amerikaner grundsätzlich ihre Soldaten geschützt und dafür massiv Munition und Material eingesetzt haben." Man könne davon ausgehen, dass mittelschwere Panzer die Infanteristen in vorderster Linie unterstützten. „Panzergranaten wurden vermutlich nicht abgeschossen, da das Risiko bestand, dass ein solches Geschoss direkt neben den Amerikanern im Zaun explodiert wäre. Damit hätten die einmarschierenden Truppen ihre eigenen Soldaten gefährdet." Die 104. Infanteriedivision rückte nach eigenen Angaben am 5. März 1945 noch bis etwa in die Nähe des Sachsen- und Hohenstaufenrings vor, um dort in den Trümmern die Nacht zu verbringen.

Einen Tag nach dem Schusswechsel am Weißhaus-Schlösschen ist der Krieg in Köln vorbei. Am Nachmittag des 6. März 1945 gelten die linksrheinischen Stadtteile für die US-Armee als erobert. Gegen Mittag kommt es in der Innenstadt noch zu einem letzten heftigen Gefecht, das als „Panzerduell vom Dom" in die Geschichtsbücher eingehen wird. Daran beteiligt sind Panzer und Soldaten der 3. Panzerdivision „Spearhead", die tags zuvor vom Norden aus in die Stadt vorgedrungen waren.

Und das zerstörte Schloss? Es wurde in den 1950er-Jahren getreu dem historischen Vorbild wiederaufgebaut.

*Manuela Klaas*

### So geht's zu den Schussspuren:

*Das Herrenhaus steht an der Luxemburger Straße 201 in Köln-Sülz. Die meisten Einschüsse befinden sich in den schmiedeeisernen Stäben zwischen dem ersten und dritten Pfeiler, nahe der Leybergstraße.*

*Petra Lentes-Meyer am Grab des Theaterschuhmachers
Theo Pauls.*

**09**

# Grabstein

## Der sterbende Schwan

E in wenig versteckt in einem Seitenweg der berühmten Millionenallee des Melatenfriedhofs leuchtet ein großes,
schneeweißes Marmorrelief aus einer immergrünen Kirsch-
lorbeerhecke hervor. Darauf abgebildet ist eine Balletttänzerin, die ihre Arme wie Flügel über dem vorgestreckten rechten Bein
zusammenlegt und den Kopf darauf bettet. Ein recht ungewöhnliches
Motiv für einen Grabstein. Er schmückt die letzte Ruhestätte des Theaterschuhmachers Theo Pauls (1890-1948) und dessen Familie.

Stadtführerin Petra Lentes-Meyer kennt die Geschichte, die sich hinter dem außergewöhnlichen Stein verbirgt: „Theo Pauls besaß vor etwa 100 Jahren in der Engelbertstraße nahe der Alten Oper eine Schuhmacherwerkstatt für feine Maßschuhe. Als die russische Primaballerina Anna Pawlowa Anfang der 1920er-Jahre in Köln gastierte, brach an einem ihrer Spitzenschuhe die Sohle. Dies war umso ärgerlicher, weil ihr Gepäck mit den Ersatzschuhen noch nicht eingetroffen war", erzählt die Stadtführerin.

Und so kam es, dass Anna Pawlowa (1881-1931) in ihrer Verzweiflung die nächstgelegene Schuhmacherwerkstatt aufsuchte. „Theo Pauls reparierte den unverzichtbaren Schuh und rettete damit die abendliche Vorstellung", berichtet Petra Lentes-Meyer. Doch diese schnelle Reparatur war kein Werk für die Ewigkeit, und so bat der Schuster die Tänzerin, den geflickten Schuh am nächsten Tag abermals vorbeizubringen, um die Sohle austauschen zu können. Die Pawlowa zeigte sich mehr als erkenntlich und zahlte dem Kölner Schuhmacher ein fürstliches Honorar. Pauls witterte das große Geschäft, aber er war auch fasziniert von den Spitzenschuhen und spezialisierte sich fortan auf handgearbeitete Bühnenschuhe. Er reiste nach Prag, um in den dortigen Werkstätten das nötige Wissen zur Herstellung solcher Schuhe zu erwerben. Hier zeigte man ihm zwar die Manufakturen, die Ware war allerdings mit weißen Tüchern abgedeckt, sodass Theo Pauls unverrichteter Dinge nach Hause fuhr. „Zurück in Köln", erzählt Pauls Tochter Tinni Engeln-Bruns, „ging mein Vater in die Oper, studierte die Bewegungsabläufe der Tänzerinnen und entwickelte bei zahlreichen Anproben und Gesprächen mit ihnen gemeinsam den

THEATERSCHUHMACHER

*Der Grabstein symbolisiert das Schicksal: Dank Anna Pawlowa avancierte Theo Pauls zum erfolgreichen Theaterschuhmacher.*

perfekten Spitzenschuh." Es war ein langer Prozess, doch am Ende hielt Pauls ein vollkommenes Modell in Händen. „Der Schuh musste fest sein, jedoch nicht zu hart. Das Leder sollte sich weich um den Fuß schmiegen und die Kappe so beschaffen sein, dass sich das Körpergewicht gut verteilt", verrät Tochter Tinni, die eigentlich Christine heißt, aber unter diesem Namen kaum jemandem bekannt ist. „Pauls' Schuhe wurden sehr berühmt. In Erinnerung daran, wer den Rubel ins Rollen brachte, nannte mein Vater sein eigens entworfenes Schuhmodell Pawlowa."

Doch Theo Pauls beschränkte sich nicht auf Ballettschuhe, er fertigte Bühnenschuhe für alle Sparten. Artisten und Tänzer aus der ganzen Welt zeigten sich von Passform, Elastizität und Bequemlichkeit so begeistert, dass sie ihre Schuhe fortan nur noch von Theo Pauls anfertigen ließen. Auch Anna Pawlowa bestellte weiterhin bei ihm. Unzählige Dankeskarten an den Wänden des Traditionsgeschäfts Pauls, heute beheimatet in der Streitzeuggasse 6, erinnern an den Erfolg des einst einfachen Schusters, der zum berühmten Theaterschuhmacher avancierte.

*„Pauls' Schuhe wurden sehr berühmt. In Erinnerung daran, wer den Rubel ins Rollen brachte, nannte mein Vater sein eigens entworfenes Schuhmodell Pawlowa."*

Viele große Künstler gingen bei Pauls ein und aus. Die kleine Tinni beobachtete durch einen halbdurchlässigen Spiegel von einem hinteren Raum aus kleinwüchsige Menschen und elegante Frauen. „Das war für mich ungemein spannend", erinnert sie sich. „Dompteure und Seiltänzer, die ganze Welt des Varietés, gab sich im Geschäft meines Vaters ein Stell-dich-ein." Wie nebenbei wurde das „Pauls-Kind" hinter der Bühne groß. Die Bühnenmeister der Kölner Oper erlaubten dem Mädchen, durch die Gitterstäbe der Seitenwände Proben und Vorstellungen anzuschauen. Später stand Tinni als Balletttänzerin selbst auf der Bühne.

Im Zweiten Weltkrieg wurde die Werkstatt in der Engelbertstraße ausgebombt. Nach Kriegsende besaß die Familie nichts mehr, nicht einmal ein Dach über dem Kopf. 1948 starb Theo Pauls unerwartet. Seine Frau Anna eröffnete 1950 ein neues Geschäft mit erweitertem Sortiment in der Streitzeuggasse 63. Tinni unterstützte die Mutter im Laden und ging nur noch ab und an mit Revuen auf Tournee. Ihr

Engagement beim Opernballett gab sie auf. Mitte der 1950er-Jahre musste die Theaterschuh-Manufaktur Theo Pauls abermals umziehen, da auf dem bisherigen Grundstück das neue Schauspielhaus gebaut werden sollte. Die Werkstatt fand nur wenig entfernt im selben Straßenzug eine neue Heimat, ganz in der Nähe der neuen Oper, die im Mai 1957 eröffnete.

Anna Pawlowa kam nie wieder nach Köln. Aber auf dem Grabstein ist die Schlusspose des Tanzsolos *Der sterbende Schwan* abgebildet, mit dem die russische Primaballerina weltberühmt wurde. „Der Tanz wurde zum Symbol für ein Sterben in großer Anmut", erläutert Petra Lentes-Meyer. „Für uns symbolisiert dieser Grabstein das Schicksal", ergänzt Tinni Engeln-Bruns. „Wäre die Pawlowa nicht mit ihren kaputten Schuhen aufgekreuzt, wäre alles anders gekommen."

*Manuela Klaas*

## So geht's zum Grabstein:

*Vom Eingang Melatengürtel folgt man der Millionenallee bis zu einer kreisförmig angelegten Wiese, von der nach einer Viertelumrundung links ein Weg abzweigt (Flur 76a). Das Grab befindet sich in der Mitte des Flurstücks auf der rechten Seite. Die Adresse des Friedhofs ist Aachener Straße 204.*

*Auf Augenhöhe: Die ehemalige Dombaumeisterin Prof. Dr. Barbara Schock-Werner und ihr steinernes Ebenbild.*

# 10

# Porträt

## Ausblick in luftiger Höhe

Wenn die ehemalige Dombaumeisterin Prof. Dr. Barbara Schock-Werner mit ihrem Konterfei um die Wette strahlt, ist die Ähnlichkeit unverkennbar. In Stein gemeißelt, hängt sie in 15 Metern Höhe am westlichsten Pfeiler der Südquerhausfassade des Doms und ist damit fester Bestandteil der gotischen Kathedrale. Geschaffen wurde das Porträt von Steinbildhauer Michael Oster anlässlich ihres Abschieds, nachdem die Architektin und Professorin für Kunstgeschichte 13 Jahre lang die Dombauhütte geleitet hatte. Barbara Schock-Werner war von 1999 bis

2012 die erste Dombaumeisterin überhaupt. Nie zuvor hatte eine Frau dieses Amt bekleidet.

„Es ist seit jeher Tradition, dass die scheidenden Baumeister am Dom verewigt werden. Dies war schon zu Zeiten Gerhard von Riles, dem ersten Dombaumeister, so und wird auch heute noch beibehalten", erläutert Barbara Schock-Werner, die ihr Modell erst sah, als es bereits fertig war. „Michael Oster, der in der Dombauhütte tätig ist, hat es lange vor mir verborgen", schmunzelt die ehemalige Dombaumeisterin. „Als ich der Büste dann Auge in Auge gegenüberstand, war es natürlich nicht die Wahnsinnsüberraschung. Schließlich musste ich damit rechnen."

*„Es ist seit jeher Tradition, dass die scheidenden Baumeister am Dom verewigt werden."*

Doch die ehemaligen Dombaumeister sind nicht die einzigen Personen, die am Dom dargestellt sind. „In der Nachkriegszeit bis etwa 1980 gewährte man den Steinmetzen unter der Regie des Dombaumeisters Willy Weyres großen Freiraum", verrät Matthias Deml, Sprecher der Dombauhütte. „Man könnte sagen, es wurde eine schöpferische Denkmalpflege betrieben." Diese künstlerischen Freiheiten nutzten die Steinmetze, um sich selbst an der Fassade einzubringen. Dem bunten Treiben setzte jedoch Arnold Wolff, von 1972 bis 1999 Kölner Dombaumeister, in den 1980er-Jahren ein Ende. Ab diesem Zeitpunkt wurden wieder die Originalformen des Mittelalters verwendet, um baufällige Substanz zu erneuern.

Wie seine Vorgänger ist auch Wolff am Dom verewigt, und das gleich doppelt: In einem Kapitell, dem oberen Abschluss eines Pfeilers, mit Brille, Fliege und Fotoapparat, den er für Arbeitsaufnahmen häufig dabeihatte, sowie als Wasserspeier in Wolfsgestalt mit einem weiteren Wolf in den Klauen. Dieses Attribut wurde ihm beigestellt, weil ein mittelalterliches Steinhebegerät auch als Wolf bezeichnet wird.

Apropos Wasserspeier: Von ihnen existieren an der Außenfassade des Chorbereichs noch zahlreiche Exemplare aus dem Mittelalter – zum Teil als Kopie, zum Teil aber auch Originale aus der Zeit um 1300, gefertigt aus Trachyt, einem vulkanischen Gestein vom Drachenfels im Siebengebirge (siehe Geheimnis 02). Die meist dämonisch dargestellten Fabelwesen hatten für die Kathedrale eine immens wichtige

Funktion: Sie dienten der Ableitung des Regenwassers. Ein ausgeklügeltes Rinnensystem von mehreren Kilometern Länge endet in den Speiern. „Im 19. Jahrhundert", erklärt Matthias Deml, „hat man die Wasserentsorgung größtenteils erneuert und Fallrohre eingesetzt. Im Chorbereich sind die Wasserspeier aber immer noch aktiv, auch wenn sie nur noch die Hälfte des Wassers auffangen, das sie in früheren Jahrhunderten bewältigen mussten."

Zum Ende hin verjüngen sich die Röhren, sodass das Wasser im weiten Bogen vom Bauwerk weggespuckt wird – so können Nässe und Feuchtigkeit nicht ins Mauerwerk eindringen. Im Mittelalter hat man Wasserspeier bewusst dämonisch dargestellt, oft sind es Mischkreaturen, die sich aus mehreren Tieren zu Fabelwesen zusammensetzen, zum Teil auch mit menschlichen Gesichtszügen. Zu jener Zeit glaubte man, dass Dämonen von einem Bauwerk ferngehalten werden, wenn man ihnen den Spiegel vorhält. Zum zweiten ist eine gotische Kathedrale auch immer Abbild des gesamten Kosmos, zu dem auch böse Mächte gehören. Indem man das vermeintlich Böse in einer dienenden Funktion ins Bauwerk einband, sollte es dem damaligen Glauben nach gefesselt und dienstbar gemacht werden.

Barbara Schock-Werner kennt den Dom wie ihre Westentasche – in ihren 13 Amtsjahren erklomm sie Hunderte Male die vielen Gerüste und untersuchte unzählige Bereiche und verschiedenste Materialien auf ihren Erhaltungszustand. So gut wie jede Figur, die die Kathedrale ziert, ist ihr vertraut. Nun hängt sie selbst in luftiger Höhe – und genießt den Ausblick über Köln bis in alle Ewigkeit.

*Manuela Klaas*

......................................................
### So geht's zum Porträt:

*Das steinerne Abbild der ehemaligen Dombaumeisterin ist am westlichsten Pfeiler der Südquerhausfassade in 15 Metern Höhe angebracht.*

# 11

# Sophienconvent

## Köln in der Vorreiterrolle

rene Franken ist oft im Severins-Viertel unterwegs. Als Mitbegründerin des nahe gelegenen Kölner Frauengeschichtsvereins hat sie viel in der Gegend zu tun – und als Historikerin ist ihr ohnehin ein offener und wacher Blick für Relikte aus der Vergangenheit eigen, anhand derer sich Geschichte erzählen lässt. So stieß sie eines Tages bei einem Spaziergang in der Brunostraße auf eine Inschrift über einem Hauseingang: *Sophienconvent* steht dort geschrieben.

Irene Frankens Neugier war geweckt. Sie begann zu recherchieren und fand heraus, dass in dem Haus im 19. Jahrhundert eine Art Beginenkonvent beheimatet war. Stutzig wurde sie, weil das Gebäude damit aus einer Zeit stammt, die fern von den mittelalterlichen Ursprüngen der Beginenbewegung liegt. Im Mittelalter spielte Köln in der Geschichte der Beginen eine sehr große Rolle – und umgekehrt. „Es war die erste Stadt, in der jemals das Wort ‚Begine' im Zusammenhang mit zwei Schwestern in einer Urkunde auftauchte – im Jahr 1223", sagt Irene Franken. 1230 habe eine Patrizierin, Sela Jude, in der Kölner Stolkgasse den ersten Beginenkonvent in ganz Deutschland gegründet. Es folgten viele weitere: 1320 gab es bereits 89 Beginenkonvente in Köln, die Zahl der dort Lebenden variierte. „Mal waren es zwölf, es konnten aber auch bis zu 50 sein", hat Irene Franken recherchiert. „Die Beginen waren eine christliche, spirituelle und auch moralische Bewegung." Zwölf, die Zahl der Apostel, sei aber die ideale Anzahl gewesen.

Im 19. Jahrhundert, als es keine Beginen im ursprünglichen Sinne mehr gab, kommt das Haus ins Spiel, über dessen Eingangstür Irene Franken die Inschrift entdeckt hat. Dazu fand sie Folgendes heraus: „1869 hat ein Kölner Rentner namens Johannes Casper Kneutzgen dieses Haus gestiftet. Er bezieht sich dabei ganz konkret auf die Beginenbewegung." Die Historikerin hat ein Zitat aus dem

---

*Irene Franken war neugierig: Was hat es mit dem Schriftzug*
*„Sophienconvent" auf sich? Die Historikerin hat recherchiert*
*und es herausgefunden.*

Testament des Johannes Caspar Kneutzgen mitgebracht, in dem steht: „In Anbetracht der Wandelbarkeit aller menschlichen Verhält-

nisse und eingedenk, wie wohltätig es ist, dass auch für solche Personen, welche sich früher in einer besseren Lebensstellung befunden haben und ohne Schuld dem unerbittlichen Schicksale erlegen sind, Fürsorge getroffen werde, ist es (...) mein Wille, dass in das von mir gegründete Conventhaus vorzugsweise diejenigen Frauenpersonen – kinderlose Witwen oder solche Witwen, welche von ihren Kindern ihren Lebensunterhalt nicht erhalten können, sowie auch andere hülfsbedürftige Frauenspersonen, welche unverschuldet vom Wohlstande in eine hülflose Lage geraten sind und sich einer solchen Wohlthat würdig erweisen – Aufnahme finden sollen."

*Der Schriftzug erinnert an die einstige Nutzung des Gebäudes.*

Der Grund der Stiftung sei nicht zuletzt, erklärt Irene Franken, dass die Mutter des Mannes in einem Haus mit Beginentradition Asyl erhalten habe. „Er fand die Idee so bewundernswert, dass er das Haus 1872 bauen ließ." Angesichts all der Notzeiten, die es im Verlauf der Geschichte gab – Kriege zum Beispiel – sei es ein großer Segen gewesen, in einer christlichen Einrichtung samt Versorgung leben zu dürfen. „Das war ein privilegierter Ort", macht Irene Franken deutlich. Zumal gerade ältere Frauen häufig nicht abgesichert gewesen seien. „Das hängt auch mit dem Testamentsrecht zusammen, nach dem Frauen in der Regel selbst nicht erbten, sondern nur eine Art Durchlassstation für die erbberechtigten Kinder waren."

Im Laufe der Jahrhunderte habe sich die Beginenidee aus dem Mittelalter dann auch sehr verändert, der spirituelle Aspekt sei immer mehr in den Hinter- und der Versorgungsaspekt in den Vordergrund getreten. Auch habe es regionale Unterschiede gegeben: „Zum Beispiel gab es in Rostock Konvente, da haben nur Mütter mit

Kindern gewohnt, das ist in Köln unbekannt. Und so hat jede Region auch wieder etwas andere Schwerpunkte." Viele Beginen arbeiteten für ein Zusatzeinkommen. In Köln seien einige Beginenhäuser für die Schleierweberei bekannt gewesen. Wenn die Beginen sich der Textilherstellung widmeten, gerieten sie leicht in heftige Auseinandersetzungen mit den Zünften, die bis zur Zerstörung der Webstühle der Beginen führen konnten, berichtet Irene Franken. „Die Zunft der Seidenweberinnen hatte das Monopol in Köln – dass es hier die Frauenzünfte gab, ist eine wirtschaftsgeschichtliche Besonderheit. In deren Satzung stand ganz eindeutig, dass keine Arbeit an die Beginen vergeben werden dürfe – dass es hier Frauenzünfte gab, ist übrigens eine wirtschaftsgeschichtliche Besonderheit". Die Schleierweberei sei aber von den Zünften nicht besetzt gewesen, daher hätten die Beginen hier eine Nische gefunden, von der einige der Konvente leben konnten.

*„Das hängt auch mit dem Testamentsrecht zusammen, nach dem Frauen in der Regel selbst nicht erbten, sondern nur eine Art Durchlassstation für die erbberechtigten Kinder waren."*

Heute ist das einstige Beginenhaus ein normales Wohnhaus. „Aber interessant finde ich, dass es heute in Deutschland wieder an die 20 Beginenhäuser gibt", sagt Irene Franken. „Auch in Köln gibt es wieder einen Beginenhof, genauso in Bremen, in Berlin, in Tübingen, Bielefeld und Essen", zählt die Historikerin auf. „Der Beginengedanke lebt also weiterhin fort."

*Eva-Maria Bast*

---

### So geht's zum Sophienconvent:

*Der Schriftzug befindet sich über dem Eingang der Brunostraße 18.*

# 12

# Opernsteine

## Erinnerung ans Kölner „Stadtschloss"

D ie Kölner Oper! Nicht die neue, die seit so vielen Jahren schon saniert wird, sondern die alte. Wenn Christoph Molitor von ihr erzählt, beginnen seine Augen zu leuchten – obwohl er sie nie besucht hat. Denn als er 1968 das Licht der Welt erblickte, stand die Alte Oper schon seit zehn Jahren nicht mehr. Aber seine Großmutter, Onkel, Tanten und Eltern, haben ihm vom Alten Opernhaus erzählt. Und wenn Christoph Molitor mit der Ringbahn am Rudolfplatz vorbeifuhr, in den 1970er-Jahren, als diese noch oberirdisch verkehrte, da hörte er die Verwandten und oft auch wildfremde Leute seufzen: „Ja, hier stand die Alte Oper. Die hätte man nicht abreißen dürfen." Der Junge starrte dann auf den nüchternen Verwaltungsbau, verglich ihn mit Fotos, die die Eltern von der Alten Oper besaßen, und konnte nicht begreifen, dass von dem prächtigen Gebäude mit all seinem Zierrat, den Giebeln, Türmchen und Kuppeln kein Stein mehr übrig sein sollte.

Die Alte Oper wurde seine Passion. Christoph Molitor sammelte alles, was er zu ihr finden konnte, forschte nach, recherchierte, traf alte Sänger und Garderobieren, Platzanweiser und Nachfahren der Architekten Carl Moritz und Albert Betten. Und eines Tages fand er heraus, dass es doch noch Reste der Alten Oper gibt, und dass in ihnen sogar noch regelmäßig Musik ertönt: „Die Kirche Neu St. Alban wurde aus den Ziegelsteinen des Alten Opernhauses erbaut", sagt er. Doch er möchte die Geschichte von vorne erzählen, bei der Eröffnung des Kölner Opernhauses im Jahr 1902 beginnen.

Christoph Molitor berichtet, dass die Alte Oper komplett aus Ziegelsteinen gebaut war, die dann mit reichverziertem Sandstein verblendet wurden. „Das Opernhaus strahlte eine heitere Festlichkeit aus. Es machte gespannt auf das Innere, ja, lud geradezu ein, es zu betreten", beschreibt er das Gebäude. Der Luxus im Innenraum sei überwältigend gewesen. „Die Türen zum Zuschauerraum waren

*Christoph Molitor weiß, in welchem Gebäude*
*diese Steine früher verbaut waren.*

mit Goldstaub gepudert und schimmerten im Schein des damals neuartigen elektrischen Lichts."

Dass man auch sonst à la mode war, zeigte neben der deutschlandweit ihresgleichen suchenden Bühnentechnik ein Sozialengagement beweisendes Detail: Der Zuschauerraum hatte keine riesigen Kronleuchter, die von der Decke hingen, weil man an die dachte, die auf den preiswerten Galerieplätzen, dem sogenannten „Hahnenbalken", saßen. Sie sollten ebenfalls etwas sehen können, und so beleuchteten feinziselierte Bogenlampen die vier Ränge und das Parkett. Auch seine Großmutter habe hier oft gesessen, sagt Molitor, jeden Pfennig habe sie für einen Opernbesuch gespart. Und dann gab es natürlich die reichen Kölner, die sich Logen leisteten und selbige von Generation zu Generation weitervererbten. „Da findet sich auch die Eingabe der Frau Antoinette von Guillaume, dass doch bitte ein Sprachrohr zur benachbarten Loge der Dame Deichmann gelegt werde. Dem Wunsch wurde nachgekommen", erzählt Molitor mit einem Schmunzeln. „Das Kölner Opernhaus mit seinen rund 6.000 Quadratmetern Grundfläche war seinerzeit der größte Theaterbau Deutschlands. Es wurde begeistert angenommen, ja regelrecht geliebt. Neben dem Kölner Dom schien es das meistgewählte Postkartenmotiv gewesen zu sein. Die Moritzoper war unser Stadtschloss."

Die Geschichten aus der Belle Epoque faszinieren Christoph Molitor: „Diese Epoche hatte etwas Märchenhaftes. Im Opernhaus gab es Masken-

*Die Kirche Neu St. Alban ist aus ganz besonderen Steinen gebaut.*

bälle, Festspiele und Platzkonzerte im Restaurantgarten. Meine Großmutter beschrieb immer, wie die Damen fein herausgeputzt in ihren Roben und den großen Hüten die Oper betraten. Allerdings finden sich auch mehrfach schriftliche Beschwerden über die karren-radgroßen Hüte, die anderen die Sicht versperrten."

Dann kam der Bruch: der Erste Weltkrieg und in der Folge die Weltwirtschaftskrise. „Viele Kölner Familien verarmten. Aber das hat man natürlich nicht gezeigt. Schultern zurück und mit aufrechtem Gang die Zeit standesgemäß überstehen, so lautete die Devise", sagt Molitor. „Die Villen und Patrizierhäuser an der Ringstraße standen nach außen unverändert, doch *„Und von Musik umflossen sind sie heute auch, wenn die Kirchengemeinde singt."* in den über vier Meter hohen stuckverzierten Salons bliesen viele alteingesessene Familien Atemkringel, weil kein Geld mehr zum Heizen da war. Und gegenüber dem Opernhaus standen die Arbeitslosen in langer Schlange zum Stempeln."

Wen wundert es, dass man in diesen Zeiten der Realität entfliehen wollte: Anders als beispielsweise in Berlin huldigte man am Kölner Opernhaus noch lange malerischer Kulissenherrlichkeit, wenn etwa bei Meyerbeers Oper „Die Afrikanerin" ein riesiges Segelschiff auf die Bühne gewuchtet wurde und bei Verdis „Aida" Pferde paradierten. Auch das Ensemble glänzte nach wie vor überregional mit großen Namen. Doch die Architektur der Kaiserzeit geriet zunehmend in die zeitgenössische Kritik. Hauseigentümer und die Stadt begannen, vielen Fassaden an der Ringstraße den Stuck abzuschlagen.

Der Weltwirtschaftskrise folgte das Dritte Reich: Hatten bereits die wilden 20er-Jahre ihre Probleme mit floralen Ornamenten, so passte den Nationalsozialisten der Jugendstilbau nicht in den Kram. Und auch nicht, was darin passierte. Die Intendanz zeigte sich zunächst durchaus regimekritisch: Den Faschismus karikierende Inszenierungen hatten bereits im Vorfeld der Machtergreifung 1933 für gezielte Pöbeleien durch Nazis während der Aufführungen gesorgt. Als Intendant Max Hofmüller dann auch noch die Werke jüdischer Komponisten im Spielplan beließ, wurde er entlassen. Überliefert sind Aussagen von damaligen Bewunderern der Kölner kapriziösen Primadonna, der schönen Elsa Oehme-Förster (1899-1987). Die Deutsch-Amerikanerin ließ es sich nicht nehmen, Hitler immer wieder mit markigen Schimpfworten zu bedenken.

Der neue Intendant Alexander Spring (1891-1956) „säuberte" nicht nur den Spielplan, er bildete auch ein rein „arisches" Ensemble und ließ das Innere des Opernhauses umgestalten. „Die faschistische Stadtplanung sah eine breite Paradestraße von Deutz über den Rhein vor, die auch über den Opernplatz führen sollte", schildert Molitor. „Das Alte Opernhaus war dem im Weg, und so wurde ein neues Theater am Neumarkt geplant." Bis zu dessen Errichtung galt es, das Opernhaus zumindest als „Bestätigung einer neuen Gesinnung" anzupassen: Im Zuschauerraum und im Foyer wurde der neubarocke Stuck abgeschlagen, eine – glücklicherweise nie besuchte – Führerloge eingebaut und die aufkaschierten Jugendstilmalereien von den Wänden gerissen.

*„Die vorherrschende Meinung innerhalb der Stadtverwaltung und des Stadtrats war aber leider, die Moritzoper müsse weg, es handle sich um unpassende Architektur."*

„Ironie des Schicksals: Aufgrund dieses Gewaltakts hat sich letztlich der Gemäldezyklus des Jugendstilmalers Sascha Schneider, der unter anderem die Karl-May-Bücher illustriert hat, erhalten", freut sich Molitor. „Die großformatigen Gemälde galten jahrelang als verschollen. Auf meine Nachfragen bei den städtischen Museen antwortete man mir stets, sie wären von den Nazis vernichtet worden oder im Zweiten Weltkrieg verbrannt. Ich habe seit meiner Kindheit geforscht und dann vor zwei Jahren per Zufall erfahren, dass sie zusammengerollt im Kölner Stadtmuseum lagern." Molitor sorgt sich um die Gemälde, die in einem sehr schlechten Zustand seien: Eine von ihm angeregte Spendenaktion fand bisher keine Resonanz. Molitor warnt: „Man muss dringend tätig werden, bevor die Bilder völlig zerbröseln. Sie können im Gegensatz zum Gebäude noch gerettet werden."

In der Tat wäre auch das Opernhaus nach den leichten Kriegsbeschädigungen wiederherstellbar gewesen. „Die vorherrschende Meinung innerhalb der Stadtverwaltung und des Stadtrats war aber leider, die Moritzoper müsse weg, es handle sich um unpassende Architektur", sagt der Kölner. Nicht nur das Opernhaus habe im Visier der Stadtplaner gestanden, auch einer ganzen Reihe anderer Gebäude habe man sich so entledigen wollen. „Das war in der Nachkriegszeit in vielen deutschen Städten so. Man hielt Gebäude aus der Kaiserzeit für verlogen. So verschwanden in Köln unter anderem Hauptbahnhof, Hohenstaufenbad, Kunstgewerbemuseum, Gürzenich- und Rathausanbau; ganze Straßenzüge wurden dem Erdboden gleichgemacht."

Das Alte Opernhaus hielt dieser Abrisswelle stand. Zunächst. Die Kölner hingen trotz der entstellenden Umbaumaßnahmen der Nazis an dem Bau. Viele hofften vielleicht auch auf eine Rekonstruktion des Originalzustands. Es dauerte bis ins Jahr 1955, bis der Rat mit knapper Mehrheit den Abriss beschloss und bis 1958, bis das Alte Opernhaus dann tatsächlich abgebrochen wurde. Die Bevölkerung trauerte. „Und dann kam dieser schäbige Riegelbau, den man absichtlich dort an dieselbe Stelle hingesetzt hat, um ‚die dahinter liegenden hässlichen Gründerzeitbauten' zu verdecken", zitiert Molitor den damaligen Wunsch städtischer Vertreter, den er in Zeitungsberichten vom 10. März 1959 fand.

Dass die Ziegel der Moritzoper gerettet wurden, um daraus die Kirche Neu St. Alban 1958/59 zu bauen, sei erst in den 1980er-Jahren durch einen Bauarbeiter bekannt geworden, der erzählte, dass ein Lastwagen voller Ziegel nach dem anderen vom Habsburgerring in den Stadtgarten fuhr. Christoph Molitor findet es als gläubiger Katholik berührend, dass aus den alten Ziegeln ein Gotteshaus errichtet wurde: „Das hier ist ja Neu St. Alban. Die romanische Kirche Alt St. Alban wurde

*Etwas versteckt gelegen: die Kirche Neu St. Alban.*

im Krieg sehr stark zerstört und die Ruine als Mahnmal belassen", sagt er. „Dank der Opernsteine bekam die Gemeinde ein neues Zuhause. Mehr noch: Die alten Ziegel schenken dem formschönen

Bau eine Lebendigkeit, die mit modernem Baumaterial nicht erreicht worden wäre."

Christoph Molitors Suche nach Resten des alten Kölner Opernhauses ist noch lange nicht zu Ende. Immer wieder erhält er Hinweise, dass sich hier noch ein altes Treppengeländer aus der Alten Oper befände und dort etwas vom Figurenschmuck der Fassade, wie zum Beispiel Dachreiter oder Reliefmasken. Alles wohl in Privatbesitz.

Er hat einen Traum: Dass ein Ruck durch Köln geht und jeder, der noch etwas aus dem Alten Opernhaus besitzt, sich meldet, damit der Bestand von ihm katalogisiert werden kann. Ja vielleicht sogar mehr. „Köln braucht dringend einen Kammermusiksaal", sagt Molitor. „Und es wäre schön, wenn man diesen mit Relikten aus der Alten Oper schmücken könnte, vielleicht sogar das Foyer mit den vorhandenen Gemälden rekonstruiert."

Ob das jemals gelingen wird? Christoph Molitor ist guter Dinge und besucht einstweilen oft und gern Neu St. Alban, setzt sich in das Gotteshaus und beobachtet, wie das Licht durch die Fenster fällt auf die Steine, die immer von Musik umgeben waren. „Und von Musik umflossen sind sie heute auch, wenn die Kirchengemeinde singt", sagt er und freut sich.

*Eva-Maria Bast*

....................................................

## *So geht's zu den Opernsteinen:*

*Die Kirche Neu St. Alban ist aus ihnen gebaut. Sie steht im Stadtgarten, man erreicht sie über die Einfahrt in der Gilbachstraße.*

*Konrad Adenauer legt die Hand auf das Denkmal, das an die KZ-Außenstelle erinnert, die sich hier im Zweiten Weltkrieg befand. Auch sein Großvater Konrad Adenauer war dort inhaftiert.*

13

# KZ-Gedenkstätte

## Wo Konrad Adenauer inhaftiert war

K onrad Adenauer legt die Hand auf das Mahnmal. Ein kurzer Moment des Innehaltens, ein Moment, in dem er an seinen gleichnamigen Großvater denkt, der 1949 Bundeskanzler wurde und hier eine so schwere Zeit verbrachte. „An dieser Stelle, wo heute die Messe ist, befand sich während des Zweiten Weltkriegs die Vorstufe eines Konzentrationslagers", sagt der Enkel des großen Politikers. „Hier wurden nicht nur Juden, sondern auch Regimegegner verhaftet und dann ins KZ Buchenwald gebracht. Mein Großvater war dort 1944 auch inhaftiert." Das Mahnmal soll an das Lager erinnern.

Die Tochter des damaligen Kölner Oberbürgermeisters und späteren Bundeskanzlers, Libet Werhahn-Adenauer, hat das Leben ihres Vaters gemeinsam mit der Autorin Catharina Aanderud aus ihrer Erinnerung aufgeschrieben. Auch über die Zeit des Dritten Reichs berichtet sie in dem Buch, das im Herbst 2018 erscheint (siehe Seite 191): „Im März 1933 drängten die Nazis meinen Vater mit einer regelrechten Hetzkampagne aus seinem Amt als Oberbürgermeister von Köln. Er trat nicht zurück, man verjagte ihn buchstäblich." Denn Konrad Adenauer hatte sich geweigert, Adolf Hitler, der Köln für eine Wahlrede besuchte, auf dem Flughafen zu empfangen. Auch hatte Adenauer zwei riesige Hakenkreuzfahnen, die die Nazis über Nacht an der Rheinbrücke gehisst hatten, wieder entfernen lassen.

Libet Werhahn-Adenauer berichtet: „Es gab Pöbeleien, und die Bevölkerung schrie: ‚Adenauer, an die Mauer!' Nachts schreckten uns Telefonanrufe auf, in denen Vater bedroht wurde, er möge seine Körpergröße nennen, damit man schon mal seinen Sarg anfertigen könne." Konrad Adenauer bringt seine Kinder in Sicherheit, im Elisabeth-Krankenhaus Hohenlind wird der Familie eine Wohnung zur Verfügung gestellt. Das Haus der Adenauers wird von den Nationalsozialisten beschlagnahmt. Konrad Adenauer flieht nach Berlin, wo er als Präsident des Preußischen Staatsrats noch eine Wohnung hat. Die wird zwar ebenfalls bewacht, vor Anfeindungen ist er hier allerdings sicher. In einem Gespräch mit dem damaligen preußischen Ministerpräsidenten Hermann Göring fordert

*Im Zweiten Weltkrieg stand hier ein Gefangenenlager der Nazis. Das Denkmal erinnert daran.*

Adenauer die ihm – trotz seiner Entlassung als Beamten – zustehenden Bezüge ein.

„Ende April 1933 bot der Abt des Benediktinerklosters Maria Laach, Ildefons Herwegen, ein Schulfreund meines Vaters, ihm Zuflucht im Kloster an. Wir vier kleineren Kinder – Paul, Lotte, Georg und ich – blieben während des gesamten Jahres, das er dort verbrachte, mit unserer Mutter in Köln", erinnert sich Libet Werhahn-Adenauer.

Die Familie ist also getrennt, besucht Konrad Adenauer aber häufig. „In diesen schweren Zeiten, in denen er isoliert war,

*„Hier wurden nicht nur Juden, sondern auch Regimegegner verhaftet und dann ins KZ Buchenwald gebracht. Mein Großvater war dort auch inhaftiert."*

entwickelte er seine geistigen Fähigkeiten weiter, festigte sich in seinen Überzeugungen und bemühte sich darum, innere Stärke aufzubauen, um nicht der Hoffnungslosigkeit anheim zu fallen. Er, der vorher immer so stark gewesen war, erlebte sich mit einem Mal als Mensch einsam und schwach. Eine solche Lebenserfahrung prägt, wie ich glaube, einen Menschen ungeheuer stark. Wer gelernt hat, mit solchen Situationen fertig zu werden, ohne an ihnen zu zerbrechen, geht daraus immer sehr viel stärker hervor. Was meinem Vater sicherlich sehr zugute kam, war seine tiefe Gläubigkeit. Er litt als gläubiger Christ und ich spürte sehr stark, dass ihm sein Glaube an Gott immer wieder half, sich aus tiefster Traurigkeit und drohender Resignation zu befreien."

Konrad Adenauer fährt 1933 nach Berlin zu dem Prozess, in dem er um seine Rechte – beispielsweise die Bezüge, die man ihm entzogen hatte – kämpft. Er mietet im Mai 1934 ein Haus in Babelsberg, die Familie zieht um, ist wieder vereint. Adenauer bekommt seine Bezüge tatsächlich zugesprochen. Zeitweise wird er aus dem Regierungsbezirk Köln verbannt, 1935 zieht die Familie nach Rhöndorf, hier baut Konrad Adenauer zwei Jahre später ein Haus. Ein gegen ihn angestrengtes Dienststrafverfahren wird ohne Ergebnis eingestellt.

Und dann kommt der 20. Juli 1944. „Nach dem Attentat auf Hitler (…) veränderte sich unsere Situation drastisch, obwohl mein Vater darin gar nicht involviert gewesen war", erinnert sich Libet Werhahn-Adenauer. Sie berichtet von den schwarz gekleideten Männern, die am

23. August 1944 vor der Tür stehen, das Haus durchsuchen, die Bibliothek verwüsten, Briefe beschlagnahmen und wieder abziehen. „Kurze Zeit darauf wurde Vater verhaftet und von der Gestapo auf das Kölner Messegelände auf der rechten Rheinseite gebracht."

An eben jene Stelle, wo so viele Jahre später sein gleichnamiger Enkel stehen und daran erinnern wird, dass sein Großvater hier inhaftiert war. Hier, wo er sich selbst für den Bau der Messe stark gemacht hatte. Und nicht nur das: Der Messeturm wurde genau am Geburtstag seiner kleinen Tochter Libet am 17. Mai 1928, als Wahrzeichen von Köln, eröffnet.

*„Vater wurde dort in einer Baracke mehr schlecht als recht untergebracht. Zu seinem großen Glück erkannte ihn ein Mann wieder, der früher als städtischer Gärtner in Köln gearbeitet hatte, und ihn in guter Erinnerung hatte."*

Und die schreibt: „Vater wurde dort in einer Baracke mehr schlecht als recht untergebracht. Zu seinem großen Glück erkannte ihn ein Mann wieder, der früher als städtischer Gärtner in Köln gearbeitet hatte, und ihn in guter Erinnerung hatte. Eugen Zander war verhaftet worden, weil er Kommunist war. Inzwischen, so erzählte er Vater, sei er schon so lange auf dem Messegelände, dass er sich eine gewisse Stellung erobert habe und Sprecher der Gefangenen sei. Er sorgte nun umgehend dafür, dass der schon völlig abgemagerte Vater aus seiner verwanzten Baracke herauskam und sein Stubengefährte wurde." Von Zander erfährt Adenauer auch, dass er auf der Liste jener steht, die als Nächste deportiert werden sollten. „Gemeinsam überlegten sie, was sie tun konnten. Schließlich meinte Vater: ‚Ich markiere jetzt einen Herzanfall, wir müssen einfach ausprobieren, ob das funktioniert.'" Mithilfe eines eingeweihten Mithäftlings, einem Arzt, gelingt die Täuschung, Adenauer wird ins Krankenhaus gebracht, von dort aus glückt die Flucht.

„Ein guter Freund von ihm, Luftwaffenmajor Schliebusch, fälschte seine Entlassungspapiere und holte ihn mit dem Auto vom Krankenhaus ab, was ausgesprochen mutig von ihm war. Dann brachte er Vater in die Nistermühle im Westerwald, dessen Besitzer die Eltern gut kannten. Dort hielt er sich nun unter dem Namen Dr. Weber versteckt", ist in Libeth Werhahns Erinnerungen weiter zu lesen. Doch die Gestapo verhaftet stattdessen Adenauers Gattin Auguste, von der Familie liebevoll Gussie genannt. „Sie drohten ihr, wenn sie nicht sage, wo der Vater sei, würden sie auch Lotte und mich holen. Unter dem massiven Druck der Drohungen durch die Gestapo brach meine Mutter schließlich zusammen und gab das Versteck des Vaters in der Nistermühle preis. Dort wurde Vater morgens um fünf von der Gestapo abgeholt und ins Gefängnis nach Brauweiler gefahren, wohin man inzwischen auch unsere Mutter gebracht hatte. Es war furchtbar. Nun waren beide Eltern in den Händen der Gestapo und wir wussten nicht, warum man sie festhielt und was man mit ihnen vorhatte. Es war alles so schrecklich, dass wir es überhaupt nicht verarbeiten konnten; es war einfach viel zu viel an Eindrücken, an Kummer, Schmerz und Mitleiden, auch an fehlenden Möglichkeiten, tatkräftig zu handeln oder etwas dagegen unternehmen zu können."

Immer wieder bittet Libet die zuständigen Behörden darum, ihre Eltern besuchen zu dürfen, immer wieder wird sie abgewiesen. Doch sie lässt nicht locker, bis sie die Besuchserlaubnis erhält, fährt mit dem Fahrrad das letzte Stück, während die feindlichen Bomber über ihr donnern. „In Brauweiler wartete ich im Besuchszimmer auf meine Mutter. Schließlich wurde sie hineingeführt. Als ich sie sah, erschrak ich. Ihre Haare waren mit einer Kordel hinten zusammengebunden, ihre Augen waren tiefdunkel umschattet und sie sah entsetzlich leidend aus. Wie ich erfuhr, hatte sie kurz zuvor versucht, sich das Leben zu nehmen, weil sie sich schuldig fühlte, dass sie den Vater verraten hatte."

Auch ihren Vater sieht Libet bei diesem Besuch: „Es war ein erschütternder Anblick, Vater sah furchtbar aus: unrasiert, mit hohlen Augen, ohne Kragen – einfach furchtbar." Die Mutter darf Libet an jenem Tag mit nach Hause nehmen, um die Freilassung des Vaters kämpft ihr Bruder Max, dem es durch seine Hartnäckigkeit gelingt, dass die Akte zur Verhaftung seines Vaters, die bisher noch gar nicht bearbeitet wurde, hervorgeholt wird und „die Prüfung der Sachlage endlich ergab, dass Vater nichts mit der Verschwörung um Graf Stauffenberg zu tun hatte. Daraufhin wurde er Gott sei Dank nach zwei Monaten Gestapo-Haft entlassen. In einem Interview beschreibt er 15

Jahre später die furchtbaren Gräueltaten, deren Zeuge er in Brauweiler wurde. Von den 67 Leuten, mit denen er in einer Zelle gesessen habe, seien 27 erschossen worden. Tag und Nacht seien die Schreie der in den Kellern Gefolterten zu hören gewesen. Damals sei ihm klar geworden, dass Grausamkeit keine Grenzen kennt."

Und dann, am 26. November 1944, kommt Konrad Adenauer zurück. „Vater sah sich erstaunt bei uns um und fragte dann: ‚Wie sieht es denn hier aus, ihr lebt ja alle im Keller, warum das denn? Wo kocht ihr denn? Auch im Keller? Das ist doch unmöglich, das schaffen wir jetzt alles wieder an Ort und Stelle nach oben.' Als Erstes ließ er den Herd wieder nach oben bringen. Er war sehr zuversichtlich, dass der Krieg nun bald ein Ende haben würde, womit er ja auch Recht behalten sollte."

Am 4. Mai 1945 wird Konrad Adenauer schließlich von den US-Amerikanern wieder als Oberbürgermeister von Köln eingesetzt. „Köln war jedoch so zerbombt, dass er freitags immer ganz entsetzt nach Hause zurückkehrte und uns erzählte, er wisse gar nicht, wo er anfangen solle, diese Stadt wieder einigermaßen unter Kontrolle zu bringen. Man erkannte die Straßen kaum wieder, weil ganze Häuserkarrees vernichtet worden waren."

Konrad Adenauers Nachfahren – darunter sein Enkel Konrad Adenauer – prägen die Stadt noch heute, sind bedeutende Persönlichkeiten. Und es ist ihnen wichtig, die Erinnerung an Konrad Adenauer und das, was ihn bewegte, wach zu halten. Dazu soll auch das Buch beitragen, das Libeth Werhahn im Herbst 2018 herausbringen will.

*Eva-Maria Bast*

......................................................

*So geht's zur KZ-Gedenkstätte:*

*Das Denkmal steht auf der Deutzer Seite der Hohenzollernbrücke am Kennedy-Ufer unmittelbar vor der Messe.*

*Elke Hecker ist es wichtig, dass Robert Blum, dem die Gedenktafel gewidmet ist, nicht vergessen wird.*

# 14

# Gedenkplatte

## Spuren der Revolution von 1848

Dass sie von wildem Wein umrankt ist, verleiht der Gedenk-tafel etwas Romantisches. Nicht zu Unrecht, denn Robert Blum und seinem Leben wohnte durchaus eine romanti-sche Tragik inne. Doch der Pflanzenbewuchs hat auch einen Nachteil – der für ein Geheimnisbuch allerdings eher von Vorteil ist, weil er die Platte noch geheimnisvoller macht: Je nach Jahreszeit kann man sie leicht übersehen. Zum Glück weiß Stadtführerin Elke

Hecker genau, wo sie hängt und steuert zielstrebig auf sie zu. Ihr ist die Tafel allein deshalb wichtig, weil sie nicht möchte, dass Robert Blum vergessen wird. Immerhin war er Mitglied des ersten gesamtdeutschen Parlaments in der Paulskirche und einflussreicher Freiheitskämpfer während der Revolution 1848. „Dort, wo die Gedenktafel heute hängt, befand sich Blums Geburtshaus, in dem er am 10. November 1807 zur Welt kam", erzählt die Kölnerin.

*„Nachdem er vorher noch mit gemäßigter Politik und Kompromissen die Bildung einer Republik anstrebte, schloss er sich später in Wien der kämpfenden Miliz an. Doch die Aufständischen wurden von den Truppen des Kaisers niedergeschlagen, Robert Blum verhaftet und zum Tode verurteilt."*

Robert Blums Vater starb früh, hinterließ Frau und drei Kinder. Blums Mutter brachte die Familie durch, doch die finanziellen Mittel reichten nicht aus, um dem lerneifrigen und äußerst wissbegierigen Jungen einen dauerhaften Schulbesuch zu ermöglichen. Er eignete sich autodidaktisch vielfältiges Wissen an und entwickelte sich nach und nach zu einem besonders sprachgewandten Redner, was ihm während der 1848er- Revolution, die auch Köln erfasste, zupass kam: „Die Restaurationspolitik, die die alten sozialen und politischen Zustände wiederherstellen sollten, vor allem aber auch die Auswirkungen der Industrialisierung hatten zunehmend zur Verelendung und Massenarmut der Arbeiterklasse geführt", schildert Elke Hecker die damaligen Verhältnisse. „Das Volk ging auf die Barrikaden, Tausende versammelten sich in Köln vor dem Rathaus und forderten allgemeines Wahlrecht, Rede- und Pressefreiheit, allgemeine Volksbewaffnung mit freier Wahl der Offiziere, freies Versammlungsrecht und soziale Gerechtigkeit."

Als brillanter Redner setzte sich Robert Blum für die Forderungen des Volkes ein. Allein: In Köln hielt er sich zu jener Zeit nicht mehr auf, sondern wurde zunächst Leipziger Stadtrat, 1848 Mitglied des Frankfurter Vorparlaments und in der Folge Abgeordneter der Deutschen Nationalversammlung. „Als in Wien Arbeiter und Studenten gegen die Habsburger kämpften, fuhr er dorthin, weil er sich von der Unterstützung der Aufständischen einen Fortschritt der Revolution für Europa versprach", schildert Elke Hecker. „Nachdem er vorher noch mit gemäßigter Politik und Kompromissen die Bildung einer Republik anstrebte, schloss er sich später in Wien der kämpfenden Miliz an. Doch die Aufständischen wurden von den Truppen des Kaisers niedergeschlagen, Robert Blum verhaftet und zum Tode verurteilt." Trotz Immunität durch sein Abgeordnetenmandat in der Frankfurter Nationalversammlung, die ihn vor Strafverfolgung hätte schützen müssen, wurde Blum am 9. November 1848 im Wiener Vorort Brigittenau standrechtlich erschossen.

Knapp 100 Jahre später war aus dem Viertel, in dem Blum geboren wurde, das heutige Martinsviertel geworden, ein heruntergekommenes, verwahrlostes Massenwohnquartier; Prostitution und Kriminalität waren an der Tagesordnung. „Das passte nicht in das städtebauliche Bild der Nationalsozialisten, die das Viertel in den 1930er-Jahren ‚entschandelten'", sagt Elke Hecker. „Zahlreiche Häuser wurden dem Erdboden gleichgemacht. Um der Rheinfront trotzdem ein historisches Erscheinungsbild zu verleihen, wurde eine Imitation des mittelalterlichen Kölns nachgebaut und wie in Vorzeiten schmale, bunte Häuser mit Spitzgiebeln errichtet, die heute noch das Postkartenpanorama Kölns abbilden. Damit diese möglichst authentisch wirkten, verwendete man an sichtbaren Stellen alte Materialien aus Abrissgebäuden wie alte Türen, Fenster und Läden."

Auch das Geburtshaus von Robert Blum fiel dieser Sanierungswelle zum Opfer. Gut möglich aber, dass sich an dem einen oder anderen Haus in der Altstadt noch ein Relikt des alten Gebäudes befindet. Vielleicht sogar die Tür, durch die der damals noch kleine Robert Blum ein- und ausging.

*Eva-Maria Bast*

......................................................
## *So geht's zur Gedenkplatte:*

*Sie befindet sich unterhalb des Chors an der zum Rhein gewandten Stützmauer der Altstadtkirche Groß Sankt Martin auf der heutigen Mauthgasse, unmittelbar am Fischmarkt.*

# 15

# Gusseiserne Deckel

## Schwer auf Draht

Schlendert man die Schildergasse entlang und wirft dabei ab und an einen Blick nach unten, fallen einem die quadratischen, gusseisernen Schachtdeckel auf, die in regelmäßigen Abständen in das Straßenpflaster eingelassen sind. Auf ihnen steht diagonal geschrieben das Wort *Feuertelegraph*. Ein Begriff, der in der heutigen Zeit nicht mehr gebräuchlich ist und bei so manchem Passanten ratloses Stirnrunzeln hervorruft.

Was genau es mit den gusseisernen Deckeln auf sich hat, verrät der ehemalige Direktor der Kölner Berufsfeuerwehr, Stephan Neuhoff: „Die Vorläufer der Brandmelder, wie wir sie heute noch in vielen Gebäuden finden, waren die Feuertelegraphen. Sie bestanden aus einer Melde- und einer Alarmvorrichtung und waren durch unterirdisch verlegte Meldelinien verbunden."

Auf der Zentralstation in der Feuerwache im Rathaus liefen alle Telegraphenlinien zusammen. Die Feuermeldestationen, an denen man eine Scheibe einschlagen und einen Knopf herausziehen musste, waren über die ganze Stadt verteilt – wobei der Weg bis zur nächsten Meldestation im Höchstfall drei Minuten betrug.

„Die eintreffenden Signale kamen auf den Feuerwachen im Rathaus und an der Apostelnkirche als Morsezeichen an", erklärt Stephan Neuhoff. „Da die einzelnen Feuermelder ganz unterschiedliche Signale sendeten, erkannte der diensthabende Telegraphist schon am Rattern, welcher Feuermelder angeschlagen hatte."

Über vier Fernsprechapparate, die auf den Feuerwachen im Rathaus, an der Apostelnkirche sowie im Depot in der Eintrachtstraße und im Polizeipräsidium stationiert waren, konnten weitere Löschmannschaften alarmiert werden. Da es bis in die 1960er-Jahre, als die Rufsäulen aufkamen, zum alarmierenden Bürger keine Sprechverbindung gab, wusste der Einsatzleiter nicht, ob es sich bei der Meldung um einen Großbrand handelte oder lediglich ein Wasserrohr gebro-

*Mit einem Feuertelegraphen können heute nur noch Wenige etwas anfangen. Stephan Neuhoff kniet neben einem der historischen Schachtdeckel in der Schildergasse.*

*Schmuckstücke unter sich – individuell gestaltet: zwei schlichte Exemplare aus der Schildergasse und das aufwändigere, zweigeteilte (unten) im Rathenau-Viertel.*

chen war, sodass grundsätzlich der ganze Löschzug ausrückte.

Und die gusseisernen Deckel? Sie kommen bis heute bei Wartungsarbeiten zum Einsatz. Die Telegraphenlinien wurden bis 1880 mit Arbeits- und später mit Ruhestrom betrieben. Insgesamt waren 21 Kilometer Kabel verlegt worden. Hinter dem letzten Melder wurde der Strom zur Erde geleitet und ging durch die Erde zur Empfangszentrale zurück. Wurden die Leitungen bei Bauarbeiten beschädigt, rückten die Feuerwehrmänner mit einem Telegraphen-Arbeitswagen, der das benötigte Werkzeug enthielt, aus, um vor Ort den Fehler zu beheben.

„Unter der Schildergasse verläuft das älteste Stück von Kölns Telegraphenleitung", sagt Stephan Neuhoff. „Es ist nach wie vor in Betrieb und dient der Feuerwehr als wichtige Achse zur Datenübermittlung und Brandmeldeermittlung."

Die Einrichtung der Feuertelegraphen steht in engem Zusammenhang mit dem Bau der Wasserleitung Mitte des 19. Jahrhunderts. Nachdem die Römerleitung verfallen war, bezogen Kölns Bürger ihr Trinkwasser aus öffentlichen Brunnen. Diese waren jedoch stark verunreinigt, da es noch keine Kanalisation gab. Als es immer wieder zu schweren Cholera-Epidemien gekommen war, die in kurzer Zeit Tausende Bürger dahingerafft hatten, beschloss die Stadtverordneten-Versammlung am 30. November 1865 den Bau einer Wasserleitung. Als die Gräben für die Leitung gezogen waren, bot sich die Gelegenheit, zusätzlich ein Kabelleitungsnetz zu verlegen. Anfangs geschah dies jedoch völlig ungeschützt, die Kabel verliefen offen über der Wasserleitung. Später ging man dazu über, die Telegraphenleitungen zu sichern, indem man separate Kanäle verlegte.

„Noch immer bedeutet das unterirdische Kabelnetz für die Kölner Feuerwehr so viel wie für jeden von uns das Rückgrat", konstatiert der ehemalige Feuerwehrchef. „Die wichtigsten Alarmierungen, Anweisungen und Informationen zwischen den Feuer- und Rettungswachen und den entscheidenden Handelnden bei der Gefahrenabwehr wie etwa dem Rathaus, dem Polizeipräsidium, der Bezirksregierung, den Kölner Verkehrsbetrieben und dem Stromversorgungsunternehmen Rhein-Energie laufen hier durch." Inzwischen wurde das Kabelnetz fast vollständig von Kupfer- auf Glasfaserleitungen umgestellt. Es ist gegen Hochwasser gesichert, an die Notstromversorgung der Feuer- und Rettungswachen angebunden und wird schrittweise ringförmig so erweitert, dass bei Störungen höchstens eine der Wachen betroffen ist.

*„Die Vorläufer der Brandmelder, wie wir sie heute noch in vielen Gebäuden finden, waren die Feuertelegraphen. Sie bestanden aus einer Melde- und einer Alarmvorrichtung und waren durch unterirdisch verlegte Meldelinien verbunden."*

*Manuela Klaas*

........................................

### So geht's zu den gusseisernen Deckeln:

*Die Schildergasse erstreckt sich von der Hohe Straße bis zum Neumarkt. Dort finden sich mehrere Feuertelegraphen, so zum Beispiel zwischen Schildergasse 70-72 und der Antoniterkirche. Aber auch im übrigen Stadtgebiet trifft man auf die quadratischen Schachtdeckel. Ein besonders schönes, zweigeteiltes Exemplar findet sich im Rathenau-Viertel vor dem Hotel Elite an der Universität in der Meister-Gerhard-Straße 26.*

# 16

# Relief

## Der Tunnel unter der Mauer

**E**s ist das älteste Profandenkmal Deutschlands, das in dem noch erhaltenen Stück der mittelalterlichen Stadtbefestigung am Sachsenring vermauert ist. Oder besser gesagt: Es ist die Kopie des ältesten Profandenkmals Deutschlands – das Original steht im Stadtmuseum.

Darauf zu sehen ist eine wilde Schlacht mit Schwertern, Pferden, Engeln und Teufel, darüber die Zinnen der Stadtmauer mit sieben Köpfen, die Zipfelmützen tragen. Eine Etage höher finden sich zwölf betende Männer und Frauen unter dem gekreuzigten Jesus. Ganz oben thront das Stadtwappen. Unterhalb der Kampfszene steht in goldenen Buchstaben: *Anno domini MCCLXVIII up der heilger more naicht do wart hier durch de mure gebrochen.* Was so viel heißt wie: Im Jahre des Herrn 1268, in der Nacht der heiligen Mohren, wurde hier durch die Mauer gebrochen.

Ein kryptischer Text, doch Stadtführer Wilfried Weber weiß, was sich dahinter verbirgt: „Das Relief stellt anschaulich die Schlacht an der Ulrepforte im 13. Jahrhundert dar. In der Nacht zum 15. Oktober 1268, dem Namenstag der Heiligen der Thebäischen Legion, womit die Heiligen Mohren gemeint sind, drangen an dieser Stelle der Stadtmauer etwa 300 Soldaten ein. Bis zum Einmarsch der Franzosen Ende des 18. Jahrhunderts war es das einzige Mal überhaupt, dass fremde Truppen die Stadtmauer überwinden konnten."

Zuvor war es zum Bruch zwischen den Patriziern gekommen. Die Familie der Weisen verbündete sich mit dem aus der Stadt vertriebenen Erzbischof Engelbert II. von Falkenburg (1261-1274). Der einflussreiche Patrizier Matthias Overstolz war der Führer der Freunde-Partei, die sich im ständigen Kampf mit den Weisen um die Vorherrschaft Kölns befand.

„Im Jahr 1268 soll im Auftrag des Erzbischofs ein an der Stadtbefestigung wohnender Schuster namens Konrad Havenith bestochen

*Wilfried Weber unterhalb des in die Stadtmauer eingemauerten Denkmals.*

worden sein", berichtet Wilfried Weber. „Dessen Haus grenzte direkt an die Mauer, und so sollte er unbemerkt einen Tunnel graben, durch den die vom Erzbischof entsandten Soldaten in jener Nacht einfielen." Unter den Angreifern war auch die Familie der Weisen. „Matthias Overstolz bekam jedoch Wind von dem Überfall und trat mit einer in aller Eile zusammengetrommelten Truppe von etwa 400 Gefolgsleuten den Eindringlingen entgegen", erzählt der Stadtführer weiter. „Es muss ein verheerendes Gemetzel gewesen sein, bei dem Overstolz sein Leben ließ. Dennoch gelang es den Verteidigern, die Angreifer in die Flucht zu schlagen. Köln behielt seine Unabhängigkeit."

*„Bis zum Einmarsch der Franzosen Ende des 18. Jahrhunderts war es das einzige Mal überhaupt, dass fremde Truppen die Stadtmauer überwinden konnten."*

Gut 100 Jahre nach dem Kampfgetümmel an der Ulrepforte ließ der Rat der Stadt im Jahr 1370 das historische Ereignis auf eben jenem Relief nachstellen und in die Mauer einfügen.

Dr. Ulrich Bock, Referent des Museumsdienstes Köln, weiß um die abgebildeten Details: „Die Kampfszene zeigt die vom Erzbischof entsandten Eindringlinge, die von Engeln besiegt werden. Die himmlischen Boten übernehmen diese Aufgabe für die Kölner, daher sind auf dem Relief auch keine Bürger der Stadt dargestellt. In der Mitte sieht man den Teufel, eine politische Demagogie des Mittelalters, die verdeutlichen soll, dass die Angreifer auf der Seite des Antichristen standen", erläutert Ulrich Bock. „Darüber thronen die Zinnen, in denen ursprünglich die Kopfreliquiarien der Stadtheiligen aus der Schar von Sankt Ursula und der Thebäischen Legion um Sankt Gereon als Steinmotiv platziert waren. Mit ihrer Darstellung wollte man demonstrieren, dass diejenigen, die diese Stadt angreifen, nur verlieren können. Bei Restaurationsarbeiten im 19. Jahrhundert hat man aus den Stadtheiligen Wichtelmänner gemacht, da man sie als Kölner Bürger interpretierte. Getreu dem Motto: Die Bürger Kölns müssen lediglich zusehen, die Engel werden es schon richten."

Dafür blieben die oberen Etagen des Denkmals unverändert: „Über den Zipfelbehüteten sind noch einmal die Schutzheiligen aus der Schar der Heiligen Ursula und des Heiligen Gereons dargestellt

– wenn man so will: Eine Auswahl der 11.000 Jungfrauen und den 6.666 Märtyrern der Thebäischen Legion. Summa summarum wachten somit 17.666 Heilige allein von St. Ursula und St. Gereon über der Stadt. Und damit alles doppelt hält und nichts schiefgehen kann, steht über allem das Kreuz Jesu mit den beiden damals amtierenden Bürgermeistern. Sie beten für den siegreichen Ausgang der Schlacht."

Puh – ganz schön starker Tobak! Zumal es sich nicht um eine Legende, sondern um ein reales Ereignis handelt: „Anfang der 1990er-Jahre entdeckte man genau einen Mauerbogen weiter rechts vom Relief den Tunnel aus dem Jahr 1268", berichtet Ulrich Bock. „Er hatte etwa einen Meter Durchmesser und war mit Kies notdürftig verfüllt worden. Was bedeutet, dass das Denkmal gerade einmal drei Meter versetzt vom tatsächlichen Schauplatz angebracht wurde."

Die wenig durchdachte Politik des Engelbert von Falkenstein bescherte Köln die Stadtfreiheit. Sie wurde nach der Schlacht von Worringen im Jahr 1288, die Engelberts Nachfolger Siegfried von Westerburg (ca. 1260-1297) verlor, für Jahrhunderte gesichert. „Köln war freie Reichsstadt", konstatiert Wilfried Weber. „Dieses Privileg blieb bis zur französischen Besatzung im Jahr 1794 unangetastet."

Über sechs Jahrhunderte hing das Originalrelief an dem Teilstück der mittelalterlichen Stadtmauer. Allerdings war es in der zweiten Hälfte des 20. Jahrhunderts zunehmend den aggressiven Autoabgasen ausgesetzt. Zu Beginn der 1980er-Jahre wurde einr Replik gefertigt und anstelle des Originals in die Mauer eingelassen. Letzteres wanderte 1983 ins Stadtmuseum.

*Manuela Klaas*

...........................................
### So geht's zum Relief:

*Die Kopie des Denkmals befindet sich in dem noch erhaltenen Stück der mittelalterlichen Stadtmauer am Sachsenring, nur wenige Meter vom Sachsenturm, dem heutigen Sitz der Kölner Prinzen-Garde, entfernt.*

# 17

# Nackter Mann

## Pornografie in Stein gemeißelt

N ein, wie unanständig! Wer auf dem Rathausplatz steht und nach oben blickt, kann es sehen: Da streckt ein Mann dem Betrachter doch tatsächlich seinen nackten (steinernen) Hintern entgegen! Und nicht nur das: Die Figur bringt es in fast schon akrobatischer Stellung fertig, den Kopf zwischen die Beine zu biegen und sich das eigene Geschlechtsteil in den Mund zu stecken.

Elke Hecker, begeisterte Stadtführerin in Köln, weiß, was es mit dieser Figur auf sich hat: „Diese wenig fromme Darstellung ist der sogenannte Kölner Spiegel, auch Blecker genannt, ein unanständiger Kerl, der seine Weltsicht drastisch zum Ausdruck bringt." Solche unzüchtigen Figuren, hat sie recherchiert, befänden sich mitnichten nur an Kölner Gebäuden. Warum, das sei allerdings nicht sicher: „Da die Beweggründe für solche Darstellungen nicht überliefert sind, gibt es verschiedene Deutungen. Es könnte sich um Scherze der Steinmetze gehandelt

*Aus offensichtlichen Gründen fällt der untere Mann besonders auf.*

haben. Vielleicht sind solche Figuren aber auch eine Aufforderung zu besonderen Sinnesfreuden entgegen der kirchlichen Moralvorstellungen." Liebes-, lebens- und körperbejahend gegen die ethisch-moralische Gesinnung des Mittelalters. Vielleicht zeigt der Exhibitionist durch sein anstößiges Verhalten seine Verachtung für die damaligen Moralvorgaben.

Gut möglich sei aber auch das: Dom und Rathaus waren zu allen Zeiten die Bauwerke der Stadt, an denen die meisten Menschen vorbeigingen. Und da die Mehrheit der Menschen im Mittelalter weder lesen noch schreiben konnte, wurden dort Figuren angebracht, die

*Elke Hecker hat die aufsehenerregende Darstellung am Hauseck (ganz oben) entdeckt.*

darstellen sollten, was verboten war oder wer für Bestrafungen von Sünden aller Art zurechtgewiesen wurde.

So findet sich zum Beispiel am ältesten Portal des Kölner Doms die Darstellung des Henkers, der im Begriff ist, einen Delinquenten zu enthaupten. Und am Rathaus gibt es eben die Abbildung der Autofellatio. „Möglicherweise soll diese Abbildung eine der sieben Todsünden darstellen", sagt Elke Hecker. Luxuria, die Wolllust, werde hier als fleischliche Todsünde der Selbstbefriedigung gezeigt. Der besagte Mann ist allerdings nur eine von zahlreichen Darstellungen, die sich unter den insgesamt 124 lebensgroßen Figuren befindet. Im unteren Geschoss sind Herrscher und herrschergleiche Personen dargestellt. Im ersten bis dritten Obergeschoss finden sich Persönlichkeiten wieder, die der Stadt durch Wirtschaft, Kunst und Wissenschaft in besonderer Weise verbunden waren. Und von ganz oben blicken die Schutzheiligen der Stadt aus dem „Kölschen Himmel" auf die Domstädter und ihre Besucher herab.

> *„Möglicherweise soll diese Abbildung eine der sieben Todsünden darstellen."*

Wie passt da der lüsterne Mann hinein? Gar nicht. Er reiht sich nicht in die Gruppe der Repräsentanten ein, sondern hat das Schicksal, eine Konsolenfigur zu sein. All die großen Herrscherfiguren stehen auf einer der zahlreichen Konsolen, unter denen sich wiederum kleine Figürchen befinden. Warum ausgerechnet diese Darstellung unter der Statue des würdevollen Konrad von Hochstaden angebracht wurde, der schon mit 33 Jahren Erzbischof von Köln wurde, 23 Jahre lang mächtiger Bischof des Erzbistums war und am 15. August 1248 den Grundstein für den Kölner Dom legte? Das bleibt wohl ein gut gehütetes, echtes Kölner Geheimnis.

*Eva-Maria Bast*

........................................................

### *So geht's zum nackten Mann:*

*Man kann ihn am Historischen Rathaus, Rathausplatz 4, entdecken. Er befindet sich an der Südostecke im ersten Stock.*

*Wolfgang Niedecken fielen die Schienenreste am südlichen Rheinufer auf.*

*18*

# Schienenreste

## Erinnerung an ein längst ausgestorbenes Gewerbe

S chienen, die aus dem Rhein kommen und im Nichts enden. Stellenweise sind sie von Gras überwachsen. Sukzessive erobert sich die Natur ihren Lebensraum zurück. BAP-Sänger Wolfgang Niedecken fragte sich lange Zeit, was es mit den Schienenresten am südlichen Rheinufer in Bayenthal wohl auf sich hat. „Ich fand es immer schon spannend, wenn irgendwo alte Schienen lagen und niemand wusste, wohin sie ursprünglich führten und wofür sie früher überhaupt gebraucht wurden", sagt der Musiker. „Irgendwann erzählte mir ein Freund bei einem gemeinsamen Spaziergang, dass hier bis zur Mitte des 20. Jahrhunderts Holzflöße ländeten. Über die Schienen wurden die auf dem Wasserweg transportierten Baumstämme in die oberhalb liegenden Sägemühlen befördert."

Mit dem steigenden Bedarf an Holz, insbesondere am Niederrhein und in Holland, entwickelte sich im 17. Jahrhundert die Holzflößerei auf dem Rhein. Flößer aus dem Nordschwarzwald transportierten Baumstämme, die zu Flößen, sogenannten Gestören, zusammengebunden waren, in die Handelsmetropolen Mainz und Köln sowie weiter zum Werftbau nach Rotterdam. Die Gestöre waren bis zu 300 Meter lang und wurden, wie die Wagen eines Güterzugs, zu einem kurvengängigen Floß zusammengekoppelt. Da die Verbindungen zwischen den einzelnen Gestören viel aushalten mussten, nahm man fürs Einbinden biegsame „Wieden". Diese bestanden aus schlanken jungen Baumstämmchen, die, zunächst eingeweicht und dann erhitzt, zu einer Art Seil gedreht wurden. Dank ihrer Elastizität glichen sie die enormen Zug- und Schubkräfte der im Wasser driftenden Flöße aus. Um zusätzliche Stabilität zu gewinnen, legten die Flößer die kürzesten Gestöre an die Spitze, zur Mitte hin nahmen sie die längeren und dickeren Baumstämme, und ans Ende kam wieder das schwächere Holz. Die Flöße waren somit Gefährt und Handelsgut in einem: Am Zielort wurden sie auseinandergenommen und verkauft.

*Durch die heute zugemauerte Unterführung wurden die Baumstämme unter der Rheinuferstraße hindurch zur Sägemühle transportiert.*

Im 19. Jahrhundert war das Holz aus den Bergwäldern einer der wichtigsten nachwachsenden Rohstoffe für die Städte und die aufstre-

bende Industrie. Bis ins Jahr 1831 besaß Köln das Stapelrecht am Holz-
markt. Diese Verordnung stammte noch aus dem Mittelalter und verlangte von den passierenden Flößern, ihr Holz in der Stadt drei Tage
lang aufzustapeln und zum ortsüblichen Preis feilzubieten. Nach dem
Wegfall des Stapels siedelten sich zwei konkurrierende Holzschneide-
mühlen am südlichen Rheinufer in Bayenthal an. Die beiden Holzschneidereien suchten sich diese Stelle
nicht von ungefähr aus: Bauland war
hier günstig zu erwerben, und das Län-
den und Abladen der Flöße ließ sich
an dieser Stelle des Rheinufers recht
unkompliziert bewältigen.

*„Über die Schienen wurden
die auf dem Wasserweg
transportierten Baumstämme
in die oberhalb liegenden
Sägemühlen befördert.“*

Während nun das Hellekessel'sche
Unternehmen auf eine windbetriebene
Sägemühle setzte, läutete Bernhard Boisserée (1773-1845), ein Bruder
der beiden Kunstsammler Sulpiz und Melchior Boisserée, mit der ersten Dampfschneidemühle zwischen Basel und Rotterdam die automa-
tisierte Holzverarbeitung ein. Boisserées innovative Dampfmaschine
trieb gleichzeitig 48 Senkrechtsägen und eine Kreissäge mit 800
Umdrehungen in der Minute an. Bis zu 30 Meter lange Bretter von
beliebiger Stärke konnten mit der neuen Technik geschnitten werden.

Am Rheinufer wurden die ankommenden Flöße auseinandergenommen und ihre Stämme auf Pferdefuhrwerke verladen, die die
Holzstämme hoch zu den Sägewerken brachten.

Wolfgang Niedecken weist auf eine heute zugemauerte Unterführung, auf die die vergessenen Schienen in gerader Linie in Richtung
der ehemaligen Boisserée 'schen Dampfschneidemühle zulaufen:
„Ursprünglich war das alles hier freies Ufergelände. Als dann aber später
die Rheinuferstraße vor den Holzschneidereien gebaut wurde, lud man
das geflößte Holz auf Niedergatterwagen, die auf eben jenen Schienen
durch den Tunnel rollten und so die Baumstämme unter der Straße
hindurch zur Sägemühle transportierten", erklärt der Musiker.

Bei den Flößen, die in Bayenthal anlandeten, handelte es sich
jedoch nicht um die mehrere 100 Meter langen Gestöre. Die Hollän-
derflößerei, benannt nach den riesigen Baumstämmen, die bis in die
Niederlande transportiert wurden, hatte ihre Blütezeit im 18. Jahrhun-

dert. Das Holz, das 100 Jahre später in der Boisserée'schen Dampfschneidemühle bearbeitet wurde, war zwar auch im Schwarzwald
geschlagen worden, bestand aber aus wesentlich kürzeren Tannen-
stämmen.

Mitte des 19. Jahrhunderts begann in Köln eine rege Bautätigkeit,
zudem benötigte der Stein- und Braunkohlebergbau große Mengen
Holz. „Bernhard Boisserée sowie mein Ur-Ur-Großvater Theodor
Schumacher belieferten auch die Dombauhütte mit Holz für den Bau
von Gerüsten", erzählt Wiljo Schumacher, der im Vrings Veedel die
älteste Holzhandlung Kölns betreibt. „In jene Zeit fällt die Vollendung
des Doms, die Boisserées jüngerer Bruder Sulpiz forciert hatte."

In den 1960er-Jahren kam das Ende der Rheinflößerei. Die Eisenbahn als Transportmittel hatte sich längst durchgesetzt. „Das letzte
gewerbliche Floß fuhr 1968 rheinabwärts", sagt Wolfgang Niedecken
und blickt gedankenverloren auf das Gewässer, das ihm viel bedeutet.
„Der Rhein ist meine Lebensader, er hat mich zu unzähligen Songs
inspiriert und gibt mir ein Gefühl von Geborgenheit und Heimat."

*Manuela Klaas*

........................................................

## *So geht's zu den Schienenresten:*

*Die Schienenreste liegen direkt am Rheinufer, unterhalb der
Straßenbahnhaltestelle Schönhauser Straße in Köln-Bayenthal.*

*Die Hubschrauberlandeplattform. Heute befinden sich dort Basketballkörbe. Bruno Knopp weist auf den Verbindungsweg zum ehemaligen Flughafengebäude.*

*19*

# Basketballfeld

## Täglich Brüssel und zurück

V om Hubschrauberlandeplatz zum Basketballfeld: Kaum jemand kennt heute noch die ursprüngliche Nutzung des kleinen quadratischen Platzes im Inneren Grüngürtel, der von vier Körben umrahmt wird. „13 Jahre lang startete hier fast täglich ein Helikopter der belgischen Luftverkehrsgesellschaft Sabena nach Brüssel", berichtet Bruno Knopp, der außergewöhnliche Stadtführungen in Köln anbietet. „Die Verbindung diente dem Passagierverkehr zwischen 1953 und 1966 als Zubringerstrecke der Luftlinie von Brüssel nach New York und wurde vornehmlich von Geschäftsleuten genutzt."

Bruno Knopp stieß in einem Buch auf ein Foto, das sein Interesse weckte: Es zeigte den ehemaligen Heliport. Manch älterer Kölner erinnert sich noch an das damalige Flughafengebäude, eine einfache Holzbaracke, an deren Schalter man die Flugtickets lösen konnte. „Das ging seinerzeit recht unkompliziert", berichtet Knopp. „Der Hin- und Rückflug muss rund 70 Mark gekostet haben. Nach dem Erwerb des Tickets ging man nur wenige 100 Meter über einen schmalen Verbindungsweg zum Start- und Landepunkt, an dem bereits der Hubschrauber wartete. Damals gab es keine Sicherheitskontrollen im heutigen Sinne – man zeigte sein Ticket, stieg ein und flog los."

*„Die Verbindung diente dem Passagierverkehr zwischen 1953 und 1966 als Zubringerstrecke der Luftlinie von Brüssel nach New York und wurde vornehmlich von Geschäftsleuten genutzt."*

Die belgische Luftverkehrsgesellschaft richtete den Flugdienst am 11. Oktober 1950 auf der Strecke Brüssel – Lüttich – Maastricht – Köln ein. Wann der erste Helikopter dann tatsächlich mit Passagieren an Bord im Inneren Grüngürtel abhob, ist nicht genau belegt. Als gesichert gilt, dass dies zwischen dem 15. September und dem 2. November 1953 geschah. Die Sabena setzte Hubschrauber der Typen Sikorsky S55, in denen je sieben Passagiere Platz fanden, sowie der größere S58 mit zwölf Fluggästen, ein. In den 1960er-Jahren verkehrte auf der Strecke auch der Transporthubschrauber Boing Vertol Modell 44B. Bei allen drei Helikoptertypen handelte es sich um US-amerikanische Modelle. „Die Piloten flogen auf Sicht – in niedriger Höhe – der Flug dauerte eineinhalb Stunden. Ohne Zwischenlandung kam man auf 50 Minuten", erläutert Bruno Knopp. Es gab in all den Jahren nicht einen einzigen Zwischenfall. Bei schlechten Wetterbedingungen spendierte die Sabena ihren Passagieren einen Fahrschein erster Klasse mit der Bahn in die belgische Hauptstadt.

Waren alle Plätze im Lufttaxi belegt, so deckten die Einnahmen nur die Hälfte der Betriebskosten. Im Schnitt verbrauchte der Hubschrauber auf der Strecke Köln-Brüssel knapp 250 Liter Kerosin. Dennoch rentierte sich der Heliport, da die Fluggäste bei Sabena häufig Anschlusstickets nach New York buchten. Dies war das Geschäftsmodell.

Bruno Knopps Onkel Michael Schmitt, von 1955 bis 1965 Schüler im nahe gelegenen Gymnasium Kreuzgasse, erinnert sich noch gut an früher: „Mit viel Lärm knatterte der Hubschrauber täglich bei An- und Abflügen in geringer Höhe an der Schule vorbei. Dann mussten wir im Sommer die Fenster schließen."

Neben Köln flog die Helikopterlinie auch die Städte Bonn, Dortmund, Duisburg, Antwerpen, Rotterdam, Eindhoven, Maastricht, Lüttich, Luxemburg, Paris und Lille von Brüssel aus an. Als jedoch Mitte der 1960er-Jahre die Lufthansa eine eigene Linie zwischen Köln und New York einrichtete, verloren die Fluggäste zunehmend das Interesse am Heliport. Mit dem Abflug vom 1. April 1966 um 13.30 Uhr wurde der Hubschrauber-Flughafen Köln für immer geschlossen.

Dort, wo früher die Holzbaracke stand, ist das Gelände heute asphaltiert und wird als Tennisplatz genutzt. Doch den Verbindungsweg gibt es noch: Er führt wie ehedem diagonal von dem Areal, auf dem sich das Flughafengebäude einst befand, zum heutigen Basketballfeld – dem damaligen Start- und Landeplatz.

*Manuela Klaas*

...................................................................

## *So geht's zum Basketballfeld:*

*Das heutige Basketballfeld befindet sich auf dem Gelände des Inneren Grüngürtels zwischen Vogelsanger und Venloer Straße.*

# Steinkopf

## In der Achse seines Werks

V ergessen, fast schon schüchtern, blickt er über seinem Fenster aus dem Mauerwerk heraus. Selten schenkt ihm jemand einen Blick, schließlich ist es hier, auf der Ostseite des Doms, wo er tagein, tagaus aus dem Stein schaut, sehr ruhig. Die Massen tummeln sich vor allem auf der Westseite, aber auch die Nord- und die Südseite des Doms sind sehr belebt. Die Figuren, die sich dort befinden, werden bestaunt, bewundert und tausendfach fotografiert. Vielleicht ist ihm die Ruhe ganz recht, denn schließlich ist er schon sehr alt, der Älteste überhaupt. Und im Alter mag man es ja bekanntlich etwas ruhiger.

„Möglicherweise handelt es sich bei dem Kopf in Miniatur um ein Abbild des ersten Dombaumeisters Gerhard", sagt Christine Schauerte, Historikerin mit Schwerpunkt Alte Geschichte. Über Gerhard von Rile (um 1210/1215-1271) ist nicht viel bekannt. Er arbeitete wohl als Steinmetz in Nordfrankreich, bevor er nach Köln geholt und zum Dombaumeister berufen wurde. Hier entwickelte er seine französischen Vorbilder im gotischen Stil weiter.

*Bei dem Steinernen handelt es sich vermutlich um den ersten Dombaumeister.*

Der Grundstein für den heutigen Kölner Dom wurde am 15. August 1248 von Erzbischof Konrad von Hochstaden (1205-1261) gelegt, Gerhard von Rile findet erstmals 1257 Erwähnung in den Quellen. Damals überließ ihm das Domkapitel „wegen seiner Verdienste um diese Kirche" ein Stück Land bei seinem Haus in der Marzellen-

*Christine Schauerte hält sich besonders gern an diesem ältesten Teil des Doms auf. Die Geschichte des kleinen Steinkopfes ganz oben über dem Fenster findet sie faszinierend.*

straße auf Erbpachtbasis – das Land sollte als Baugrund für ein größeres Steinhaus dienen. Möglicherweise wurde Gerhard von Rile im Jahr 1260 Kölner Domherr.

„Man geht davon aus, dass er den Chor bis zur Vierung auf etwa 13 bis 20 Meter baute", sagt Christine Schauerte. Meister Gerhard widmete sein Leben dem Dom, bis zur letzten

*„Möglicherweise handelt es sich bei dem Kopf in Miniatur um ein Abbild des ersten Dombaumeisters Gerhard."*

Sekunde: Im April 1271 fiel er vom Gerüst des riesigen Gotteshauses und starb. 1265, sechs Jahre vor von Riles Tod, war der Chorumgang samt Chorkapellen fertig gewesen. Auf der Homepage des Kölner Doms ist zu lesen: „Während im inneren Chor noch reger Baubetrieb herrschte, wurden die Kapellen ausgestattet und an ihren Altären Messen gelesen." Der Domchor war die hauptsächliche Wirkungsstätte von Meister Gerhard gewesen. Und damit, findet Christine Schauerte, sei auch der Platz gut gewählt, an dem der Kopf zu Ehren des Baumeisters angebracht ist: über dem ältesten Fenster genau in der Achse des Doms. An dem Chor, den er selbst geschaffen hatte.

*Eva-Maria Bast*

......................................................

### So geht's zum Steinkopf:

*Er befindet sich am Ostchor des Kölner Doms, oberhalb des mittleren Fensters an der Achskapelle.*

*Robert Baumanns weiß: Passanten erhalten vor dem Museum Ludwig einen Blumengruß – wenn auch ohne Blüte.*

# 21

# Pflanze

## Kein Zufallswuchs

„Sehen Sie die Pflanze dort oben?", fragt Robert Baumanns und zeigt an einen nicht näher definierbaren Punkt am Museum Ludwig. Das Auge sieht: Backstein, viel Backstein in seiner natürlichen Farbe, also rot, dann noch eine Blechverkleidung. Aber eine Pflanze? Fehlanzeige. „An genau diesen Übergang zwischen Mauer und Blech müssen Sie schauen", beharrt der Journalist und tatsächlich: Da guckt ein grünes Pflänzchen heraus. Entstanden aus einem kleinen Samen, der irgendwo zwischen Mauer und Metall Wurzeln schlug, um den Vorbeieilenden einen Pflanzengruß – denn ein Blumengruß ist es mangels Blüte nicht – zu überbringen? „Nein", sagt Robert Baumanns. „Das ist Kunst. Die Pflanze ist aus Bronze."

*Kaum wahrnehmbar: die kleine Pflanze am Mauerwerk.*

Selbst wenn man es weiß, kann man sich das schwer vorstellen, so täuschend echt sieht das Grün aus. Der Journalist weiß noch mehr: „Geschaffen hat sie der US-amerikanische Künstler Tony Matelli", sagt er. Und der ist bekannt für seine ausgesprochen realistischen Plastiken. Matelli (geb. 1971) selbst sagt zu seiner Arbeit: „Es ist ein romantischer Impuls in meiner Arbeit, der meinen Gefühlen, Gedanken und der Art, wie ich die Welt sehe, Form geben möchte."

„Weed" heißt das Kunstwerk in Köln, eine von vielen Pflanzen im Garten des Künstlers. Baumanns sagt: „Matelli legt es darauf an, dass die Leute, die aufmerksam werden, das sehen, nachfragen, rätseln. Durchaus auch ins Museum gehen und sich erkundigen." Der Journalist grinst dann und ergänzt: „Oder vielleicht auch die Aufsicht im Foyer auffordern: Machen Sie doch mal das Gestrüpp da weg."

*Eva-Maria Bast*

### So geht's zur Pflanze:

*Das Bronzekunstwerk befindet sich, vom Betrachter aus gesehen, schräg links über dem Eingang an der Stelle, an der der Blech- und der Backsteinteil des Museums Ludwig aufeinandertreffen. Das Museum steht am Heinrich-Böll-Platz, die Pflanze befindet sich auf der dem Kurt-Hackenberg-Platz zugewandten Seite.*

*Auf dieser unebenen Pflasterung kann man nur stolpern, findet Sabine Gläsel.*

# Römerstraße

## Nicht wetterfest

**K**lassischer Fall von dumm gelaufen. Und irgendwie typisch für Köln, sagt Sabine Gläsel. Als waschechte Kölnerin und mit dem entsprechenden Humor gesegnet, darf sie sich das erlauben. „Wir sind die Stadt, in der das Archiv einstürzt und in der man Jahre braucht, um die Oper zu sanieren. Und wir sind die Stadt, in der man über eine bestimmte Fläche zu bestimmten Zeiten nicht laufen darf, weil man sonst die Philharmonie stört, die unter dieser Fläche probt", zählt sie die Kuriositäten der jüngsten Stadtgeschichte auf. Augenzwinkernd erklärt sie, dass Baupannen in Köln Tradition hätten und gewissermaßen bei den Römern begannen – auch wenn diese nicht verantwortlich seien:

Vom Roncalliplatz neben dem Römisch-Germanischen Museum geht man Treppen hinunter zu einer kleinen Stichstraße, auf der Steine sehr uneben verlegt sind. „Als die Stadt Köln hier Ende der 1960er-Jahre das Museum und eine Tiefgarage bauen wollte, sind die Bauarbeiter auf ein Stück römische Straße gestoßen", sagt sie. „Ungefähr 65 Meter lang und fünf bis sechs Meter breit. Die

**_Das war ein Kölner Schildbürgerstreich."_** Steine wurden geborgen, mit der Absicht, später wieder eine Straße daraus zu verlegen. „Aber zu der damaligen Zeit gab es noch keine Computerprogramme, mit denen man die Steine hätte vermessen können. Also haben die Arbeiter sie mit Kreide durchnummeriert, um sie später wieder so zu verlegen, wie die Steine einst ineinanderpassten", erzählt Sabine Gläsel.

Unglücklicherweise lagerte man sie unter freiem Himmel. Und natürlich begann es zu regnen. Die Kreide wurde weggewaschen. „Man hatte keine Chance mehr herauszufinden, welcher Stein zu welchem gehörte und in welcher Art und Weise sie verlegt waren", sagt die Kölnerin. „Deshalb sind die Fugen heute so unregelmäßig und groß und breit. Kein Römer wäre auf so einer Straße je gegangen, geschweige denn mit einem Wagen gefahren", ist sie sich sicher. Und ergänzt: „Das war ein Kölner Schildbürgerstreich."

_Eva-Maria Bast_

......................................................

_So geht's zur Römerstraße:_

_Sie befindet sich neben dem Römisch-Germanischen Museum. Vom Roncalliplatz aus führt eine Treppe hinunter._

*Günter Schwanenberg zeigt auf den Steinblock, in den der Straßenname in zwei Sprachen eingemeißelt ist. Er findet die wechselhafte Namensgebung des Hahnentors äußerst spannend.*

23

# Inschrift

## Vom Hain zum Hahn

Günter Schwanenberg liebt Wortspiele. Es begeistert den musikalischen Stadtführer, der stets mit Gitarre und kölschen Liedern unterwegs ist, dass es unzählige Wörter gibt, deren eigentliche Bedeutung verloren ging und die heute etwas ganz anderes meinen als früher. Aus diesem Grund fasziniert ihn auch die Geschichte, in der es um die Übersetzung der Kölner Straßennamen geht.

„Mit dem Frieden von Lunéville war Köln 1801 ganz offiziell Französisch geworden – la ville de Cologne. Johann Jakob von Wittgenstein

93

wurde 1803 vom Ersten Konsul Napoleon zum Maire, also zum Bürgermeister, ernannt und führte die Amtsgeschäfte der Stadt", erläutert Günter Schwanenberg. „Im August 1812 beauftragte von Wittgenstein das Universalgenie Ferdinand Franz Wallraf, ein französisches Straßenverzeichnis anzulegen. Wallraf war ein vielseitig interessierter Mann, dem in gewisser Weise aber auch der Schalk im Nacken saß."

Dieser Schalk veranlasste den Gelehrten, Stadtreformer, Universitätspolitiker und begeisterten Kunstsammler, die Straßen der Stadt mit neuen Namen aufzuwerten, indem er ungebührliche, in seinen Augen vulgäre oder banale Bezeichnungen schlichtweg „bereinigte". Wichtiger als die korrekte Übersetzung war ihm die Würde Kölns.

*Ein wenig Mühe muss man sich schon geben, um die Wörter „Porte des Coqs" und „Hahnenpforte" zu entziffern.*

In seinen „Bemerkungen, Motive und Gründe (…) zur Berichtigung und Übersetzung der Straßenbenennungen", ließ er sich über die bisherigen Namen als „pöbelhafte, seichte, unsichere, ihrer Herleitung nach oft so unbedeutende, größtentheils in den Zeiten der crassesten Ignoranz entstandene und nur durch Gleichgültigkeit und Gewohnheit angenommene, sklavisch fortgesetzte und schon ins Pöbelhafte gefallene Benennungen (…), deren einiger wir uns vor allen fremden Ohren schämen müssen" aus.

„Insbesondere die Kotsgaß war Wallraf ein Dorn im Auge", berichtet Günter Schwanenberg schmunzelnd. „Das hörte sich ja an, als hätte man sich dort ausschließlich seiner unverdaulichen Speisen entledigt! Dabei", so Schwanenberg, „ging der Name auf die Kotsmenger zurück. Menger leitet sich vom lateinischen Wort „mango" ab, was „Händler" bedeutet. „Kut" ist das mittelalterliche Wort für Innereien. Die Kotsmenger boten im Armenviertel Innereien, was als minderwertiges Fleisch galt, feil." Wallraf (1748-1824) vertauschte zwei Buchstaben und erhob die Kotsgaß zur Kostgaß, zur Kostgasse, und „adelte" sie so zur Gourmetmeile. „Womit er den

Bezug zum französischen Savoir Vivre unterstrich", konstatiert der Kölner Stadtführer lachend.

Auch einem der vier erhaltenen mittelalterlichen Stadttore Kölns, der Hahnentorburg, beziehungsweise dem Hahnentor, sollte eine solche Modifizierung widerfahren. „Einmal hin- und herübersetzt ergab sich auch hier eine völlig neue Bedeutung", berichtet der Kölner Stadtführer. „Das ehemalige Hano-, Hain- oder Hageno-Tor bekam unter den Franzosen einen anderen Namen." Von nun an hieß das aus dem Mittelalter stammende Stadttor „Porte des Coqs", übersetzt Hahnentor, womit das Federvieh zum ersten Mal in der Stadtgeschichte Kölns auftaucht. „Bis heute geht man davon aus, dass die Waldgebiete außerhalb der Stadtmauer die ursprünglichen Namensgeber waren. Das würde für Hain oder Hano sprechen, woraus sich Hanenporcen, Holzpforte, ableiten ließe", berichtet Günter Schwanenberg. „Es gibt aber auch Quellen, die besagen, dass ein gewisser Hageno von Anselm an jener Stelle im 12. Jahrhundert Ländereien besaß. Das Tor soll demzufolge ursprünglich Hagenenporcen geheißen haben. Der Kartograf Arnold Mercator verzeichnete das Tor 1570 in seiner Stadtansicht als Hanenpforts."

Wie dem auch sei, letztendlich hatte Wallraf freie Hand. Anstatt „le bosquet", die französische Übersetzung für Hain zu verwenden, machte er aus dem Hain kurzerhand einen Hahn.

Günter Schwanenberg hat auf seinen Stadtführungen auch ein kölsches Lied zum Hahnentor im Gepäck. Es trägt den Titel „Uus der Franzosezick" und beinhaltet folgende Strophe:

*Alle Stroße, alle Plätze unschineet / Wodte vun dä Wälsche glich dann französeet; / Uus däm Nümaat wodt ene Place d'armes gemaht, / För de schöne Löhrgaß gar Rue des Wallons gesaht; / Hahnepooz wodt Porte des Coqs - Su steit noch doh op 'nem Block.*

Was so viel heißt, wie:

*Alle Straßen, alle Plätze ungeniert / Wurden vom romanischen Volk dann gleich französiert; / Aus dem Neumarkt wurde ein Place d'armes gemacht, / Für die schöne Löhrgasse gar Rue des Wallons gesagt; / Hahnentor wurde Porte des Coqs - So steht noch dort auf einem Block.*

„Ich finde, man kann Geschichte gut über Liedtexte vermitteln. Schon allein durch die Melodie bleibt viel in den Köpfen hängen", konstatiert Günter Schwanenberg.

Wie es im Lied schon anklingt, gibt es noch weitere Beispiele für Wallrafs Fantasieübersetzungen. So wurde aus dem Pellergraben, der sich von dem lateinischen Wort „pellio" für Kürschner ableitet, der Perlengraben, die Suwgaz, Säugasse, benannte der gewiefte Professor gleich ganz um. Für die Gasse, durch die die Viehhändler früher ihre Schweine trieben, wählte er die blumige Variante „Rue des Roses".

*„Das ehemalige Hano-, Hain- oder Hageno-Tor bekam unter den Franzosen einen anderen Namen."*

Das mit den französischen Straßennamen versehene Adressbuch „Itinéraire de Cologne" galt ab dem 1. Januar 1813. Da war das Ende der Franzosenzeit jedoch bereits in Sicht. Nach ihrem Abzug im Jahr 1814 übersetzte Franz Wallraf auf Geheiß der nun folgenden preußischen Regierung die Straßennamen zurück ins Deutsche. Viele der ursprünglichen Bezeichnungen wurden wiedereingeführt.

Im heutigen Stadtbild finden sich nur noch wenige Inschriftenblöcke mit französischen und deutschen Straßennamen. Die meisten überstanden die Bombardierungen des Zweiten Weltkriegs nicht. „Der Kreis schließt sich, als die Stadt nur wenige Jahre nach Wallrafs Tod einen Kölner Platz nach ihm benannte", sagt Günter Schwanenberg.

*Manuela Klaas*

---

*So geht's zur Inschrift:*

*Die Hahnentorburg steht am Rudolfplatz. Der Stein mit dem eingemeißelten französischen und deutschen Namen der Pforte ist in etwa 2,50 Meter Höhe im Torbogen eingemauert. Kommt man von Westen über die Aachener Straße, so befindet er sich auf der linken Seite.*

*Wolfgang Stöcker weiß, warum ein Seitenschiff von Groß St. Martin schmaler ist als das andere.*

# 24

# Seitenschiff
## Spuren der Geschichte

„Schauen Sie mal ganz genau hin und achten Sie besonders auf die Seitenschiffe", lädt Historiker Wolfgang Stöcker ein. Er steht vor der Kirche Groß St. Martin und zeigt hinauf. „Fällt Ihnen etwas auf?" Tatsächlich: Das eine Seitenschiff ist schmaler als das andere. Der Grund: „Auf der Seite, auf der das Seitenschiff schmaler ist, stand früher die Brigidenkirche. Wand an Wand mit Groß St. Martin, sie war direkt angebaut", sagt Stöcker und fährt fort: „Das hatte natürlich Einfluss auf die Bauform des südlichen Seitenschiffes. Es war schlicht kein Platz für mehr." Das schmale Seitenschiff ist nicht das Einzige, was an die frühere Bebauung erinnert: Im Pflas-

*Die Seitenschiffe von Groß St. Martin sind unterschiedlich breit. Aus gutem Grund.*

ter ist der Grundriss von St. Brigiden angedeutet.

Diese Kirche wurde im Jahr 1172 erstmals als Pfarrkirche erwähnt und gehörte ab 1452 zur Martinsabtei. Die Säkularisierung im Jahr 1802 bedeutete ihr Ende – sie wurde auf den Abriss versteigert. Groß St. Martin, das zwischen 1150 und 1240 errichtet worden war, hatte seinen sakralen Nachbarn verloren. Ortsbildprägend ist Groß St. Martin vor allem durch seinen großen Vierungsturm und die Dreikonchenanlage, ein kleeblattförmiger Chor.

„Das Martinsviertel war im 1. Jahrhundert noch eine Insel, die durch den Rhein von der römischen Stadt Colonia Claudia Ara Agrippinensium getrennt war", erklärt Wolfgang Stöcker. „Groß St. Martin wurde über einem römischen Wasserbecken und Lageranlagen aus dem 1. und 2. Jahrhundert errichtet, von denen heute noch Reste in der Krypta zu sehen sind."

Er ergänzt: „Das ist schon unglaublich, dass im 1. Jahrhundert quasi in der heutigen Krypta der Kirche römische Legionäre vielleicht ihre Schwimmübungen zelebriert haben." Und wie anders der ganze Bereich aussah, als St. Brigiden noch stand.

*Eva-Maria Bast*

## So geht's zu den Seitenschiffen:

*Die Kirche Groß St. Martin steht am gleichnamigen Platz.*

25

# Marx-Tafel

## Die letzte Ausgabe erschien in Rot

Karl Marx (1818-1883) und Friedrich Engels (1820-1895). Die beiden großen Theoretiker des Sozialismus und Kommunismus sind bis heute in aller Munde. Und Köln spielte in beider Leben eine Zeitlang eine nicht unerhebliche Rolle: „In diesem Haus am Heumarkt befand sich ab dem 28. August 1848 die Redaktion der Neuen Rheinischen Zeitung, die die beiden herausgaben und die in der revolutionären demokratischen Bewegung eine große Bedeutung hatte", sagt Stadtführerin Elke Hecker. „Daran erinnert zwar eine Tafel, aber die ist so klein, dass sie kaum jemand bemerkt. Daher bekomme ich immer wieder überraschte Reaktionen, wenn ich die Geschichte erzähle."

Und die beginnt 1839 mit der Kölnischen Zeitung, die ihr Monopol zu behaupten wusste, indem sie aufkommende neue Zeitungen durch Aufkauf geschickt vom Markt drängte. Es gab aber noch die Rheinische Allgemeine Zeitung, die zwar ebenfalls Gefahr lief, vom Markt gedrängt zu werden, die aber durch das Engagement wohlhabender Kölner und unterstützt von der Regierung gerettet wurde und – mit der Konzession der Rheinischen Allgemeinen Zeitung – in die Rheinische Zeitung überging.

Noch vor deren erster Veröffentlichung wurde Karl Marx 1841 als Autor angefragt. Er nahm die Offerte an, und kurz nach dem ersten Erscheinen des Blattes am 1. Januar 1842 schrieb Marx am 5. Mai seinen ersten Artikel im Rahmen der Serie *Debatten über Preßfreiheit und Publikationen der Landständischen Verhandlungen*. Im Herbst 1842 übernahm er den Posten des Chefredakteurs. Kurze Zeit später stellte sich Engels in der Redaktion vor und schrieb in der Folgezeit über die Lage der Arbeiter in England. Der preußischen Zensurbehörde behagte der Tenor der Berichterstattung so gar nicht. Hoffte sie noch im August 1842 auf das baldige Ende des Blattes aufgrund der gerade einmal rund 900 Abonnenten, zerschlug sich diese Hoffnung im Januar 1843. Die Zeitung konnte jetzt schon 3.400 Abonnements vorweisen. Zwar wurde auf die gutsituierten Geldgeber Rücksicht genommen, trotzdem kam es im April 1843 zum Verbot der Zeitung durch die Zensurbe-

*Die kleine Tafel erinnert daran, welch außergewöhnliche Zeitung hier einst entstand.*

hörde. Bereits Mitte März verließ Marx die Redaktion. Bemerkenswert war, dass sämtliche Redakteure und auch Marx anonym geschrieben und es auch sonst verstanden hatten, ihr Gedankengut eher unterschwellig und sehr geschickt zu vermitteln.

Fünf Jahre später nahm Karl Marx, bedingt durch die Märzrevolution und die damit verbundene Aufhebung der Pressezensur, einen erneuten Anlauf, um eine regierungsunabhängige Zeitung zu etablieren. So erschien am 1. Juni 1848 die erste Ausgabe der Neuen Rheinischen Zeitung unter seiner Leitung und der Mitarbeit von Engels. Die Zeitung etablierte sich schnell und konnte bald eine Auflage von 6.000 Stück vorweisen. Sie wurde zu einem

*„In diesem Haus am Heumarkt befand sich ab dem 28. August 1848 die Redaktion der Neuen Rheinischen Zeitung, die die beiden herausgaben und die in der revolutionären demokratischen Bewegung eine große Bedeutung hatte."*

der populärsten Presseorgane der Revolutionsjahre in Deutschland. Von Beginn an wurde das Blatt aufmerksam von der preußischen Regierung beobachtet, doch aufgrund der Liberalisierung der Pressegesetze konnte niemand etwas unternehmen. „In Folge der Arbeiterunruhen vom 25. September 1848 in Köln wurden zwar Mitarbeiter der Redaktion in Haft genommen, aber nicht wegen ihrer Pressearbeit, sondern aufgrund der gehaltenen Reden auf diversen Veranstaltungen", sagt Elke Hecker. Einige Mitarbeiter flüchteten ins Ausland, kehrten aber nach und nach wieder zurück, nachdem deren Verfahren eingestellt wurden.

Engels konnte jedoch erst im Januar 1849 seine Arbeit wieder aufnehmen. Marx stand wegen Pressevergehens und Aufforderung zur Steuerverweigerung zweimal vor Gericht, wurde aber in beiden Fällen freigesprochen. Dennoch wurde die Zeitung eingestellt. Engels schrieb dazu: „Endlich, am 18. Mai 1849 kam der Schlag. Der Aufstand in Dresden und Elberfeld war unterdrückt, der in Iserlohn umzingelt, die Rheinprovinz und Westfalen starrten von Bajonetten, die nach vollendeter Vergewaltigung der preußischen Rheinlande gegen die Pfalz und Baden zu marschieren, bestimmt waren. Da endlich wagte die Regierung, uns auf den Leib zu rücken. Die eine Hälfte der Redakteure war unter gerichtlicher Verfolgung, die andere als Nichtpreußen ausweisbar." Er schreibt weiter: „Dagegen war nichts zu machen, solange ein ganzes Armeekorps hinter der Regierung stand. Wir mußten unsere Festung übergeben, aber wir zogen ab mit Waffen und Bagage, mit klingendem Spiel und mit der fliegenden Fahne der letzten, roten, Nummer, in der wir die Kölner Arbeiter vor hoffnungslosen Putschen warnten und ihnen zuriefen: ‚Die Redakteure der 'Neuen Rheinischen Zeitung' danken Euch beim Abschiede für die ihnen bewiesene Teilnahme. Ihr letztes Wort wird immer und überall sein: Emanzipation der arbeitenden Klasse!"

Die letzte Ausgabe erschien am 19. Mai 1849 – komplett in Rot.

*Eva-Maria Bast*

### *So geht's zur Marx-Tafel:*

*Sie hängt an der Fassade des Hauses Heumarkt 65.*

*An das schlimmste Hochwasser, das Köln bisher erlebt hat, erinnern noch heute die beiden Marken an Sankt Maria Lyskirchen. Petra Lentes-Meyer wirkt regelrecht winzig davor.*

# 26

# Hochwassermarken
## Höher geht – hoffentlich – nimmer

Die Kölner sind es gewohnt, dass der Rhein in regelmäßigen Abständen über die Ufer tritt und bisweilen auch die Altstadt flutet. Bereits aus römischer Zeit und aus dem Mittelalter sind verheerende Überschwemmungen bekannt und im Stadtarchiv verzeichnet. Doch es gibt ein Hochwasser, das stellt alle anderen Überflutungen in den Schatten.

„Im Winter 1784 stieg der Rhein bei Köln auf einen Rekordpegel von 13,55 Metern an – fast viermal höher als normal", berichtet Stadtführerin Petra Lentes-Meyer. „Am Westportal der romanischen Pfarrkirche Sankt Maria Lyskirchen erinnern zwei beeindruckende Markierungen an das Jahrtausendhochwasser."

Bis über den Türsturz der Kirche stiegen damals die Fluten des Rheins. Bei der Naturkatastrophe wurde die Ausstattung von Sankt Maria Lyskirchen zum Teil zerstört. Die aufgemalte Linie über der Tür und das am nebenstehenden Pfeiler angebrachte Schild zeigen eindrucksvoll, wie hoch das Wasser in der Altstadt im Februar 1784 stand.

„Zugefroren war der Rhein im Kölner Raum schon seit dem 10. Januar 1784", erzählt Petra Lentes-Meyer. „Zwischen Köln und dem bergischen Mülheim türmten sich die Eisschollen. Als Tauwetter und starke Regenfälle den Wasserstand steigen ließen, hob sich die drei Meter dicke Eisdecke an."

Erfahrene Schiffer warnten vor den Folgen drohenden Eisbruchs. Doch zunächst freuten sich die Kölner über den zugefrorenen Rhein. Ein damaliger Zeitzeuge schreibt: „Die diesjährige Kälte, desgleichen kein hundertjähriger Greis je gefühlt hat, schloss endlich den schon lange mit Eisschollen beladenen und über die Maßen aufgeschwollenen Rheinstrom. Vielen diente es zur Lust. Menschen und Vieh trutzten dem stolzen Fluße, und traten seine ohnmächtigen Fluten mit Füßen; man sah täglich mehr als tausend Menschen, die jauchzend und springend über den Rhein pilgerten. Die Lust dauerte sieben Tage."

Am 23. Februar 1784 kehrte sich das Bild um: Ein plötzlicher Warmlufteinbruch brachte die Eis- und Schneemassen zum Schmelzen. Tauwetter und starker Regen setzten ein, der Rheinpegel stieg. Teilweise floss das Schmelzwasser auf den gefrorenen Eisflächen ab, allerdings gelangte es auch unter die Eisdecke. Hierdurch baute sich ein enormer Druck auf, der die gefrorene Schicht von unten her aufsprengte.

*Die aufgemalte Linie über der Tür zeigt eindrucksvoll, wie hoch das Wasser in der Altstadt im Winter 1784 stand.*

Am frühen Morgen des 27. Februar 1784 verkündeten Kanonenschüsse, dass das Eis im Kölner Süden in Bewegung geriet. Der Eisaufbruch setzte gewaltige Wassermassen frei.

Die vom Oberlauf herantreibenden Eisschollen türmten sich zwischen Köln und dem rechtsrheinischen Mülheim, das damals zum Herzogtum Berg gehörte, auf. Sie verwüsteten weite Teile der Uferbebauung. Der heutige Stadtteil Kölns wurde vollständig zerstört. „Von Mülheim waren außer den Spitzen der Türme und die Dächer der Häuser nichts mehr zu sehen", berichtet ein anderer Augenzeuge.

Die verheerenden Wasser- und Eisfluten richteten auch im linksrheinischen Köln gewaltige Schäden an. Mit ungeheurer Wucht drangen sie durch Pforten und einstürzende Mauern in die Stadt, zerstörten Teile der Stadtbefestigung und Hunderte von Häusern. Am Ufer liegende Schiffe wurden vom Eis erdrückt. In Köln und Mülheim starben über 60 Menschen, ein Drittel der Stadtbevölkerung wurde obdachlos.

Um die Mittagszeit des darauffolgenden Tages, am 28. Februar 1784, erreichte der Rhein seinen höchsten Stand. Dann brach die Eisdecke endgültig auf, was den Wasserspiegel schlagartig sinken ließ. Eis- und Wassermassen flossen in Richtung Flussbett ab.

„Der Eisgang von 1784 war das schlimmste Hochwasser, das Köln je erlebt hat", erzählt Petra Lentes-Meyer. „Auslöser für die schweren Überschwemmungen war ein isländischer Vulkan, der acht Monate zuvor ausgebrochen war und das Klima veränderte."

Am 8. Juni 1783 riss nach mehreren kleinen Erdbeben eine zwölf Kilometer lange Eruptionsspalte im Süden Islands auf, die sich im Laufe vieler Vulkanaktivitäten auf insgesamt 27 Kilometer vergrößerte. Acht Monate lang spuckte die Laki-Spalte gewaltige Mengen Lava und Aschewolken in die Luft. Zusammen mit Wasser reagierte die Asche zu Sulfatpartikeln und Schwefelsäure,

*Das gusseiserne Schild neben dem Westportal markiert den Hochwasserstand vom 28. Februar 1784.*

sogenannte Aerosole. Die Folgen waren dramatisch: Die aufsteigenden Staub- und Säuremassen blockierten das Sonnenlicht, die Temperatur auf der gesamten Nordhalbkugel sank um 1,3 Grad Celsius. In vielen Regionen kam es zu Missernten, Hungersnöte waren die Folge. Der Winter 1783/84 zeigte sich ungewöhnlich lang und streng. „Die Frostperiode begann schon im November 1783 und hielt bis Ende Februar an", berichtet die Stadtführerin. „Die Flüsse in Nordeuropa waren allesamt zugefroren."

*„Im Winter 1784 stieg der Rhein bei Köln auf einen Rekordpegel von 13,55 Metern an – fast viermal höher als normal."*

Die betroffenen Menschen hatten für eine solche Naturkatastrophe keine Erklärung. Sie ahnten nichts von dem isländischen Vulkan, der letztendlich der Auslöser für den Kölner Eisgang war. Wie sollten sie auch? Weder Radio noch Fernseher waren zu jener Zeit erfunden, die damalige Nachrichtenübermittlung ist mit der heutigen nicht vergleichbar.

Für Petra Lentes-Meyer zählt das Klimaphänomen zur größten Naturkatastrophe der frühen Neuzeit: „Es ist schon erstaunlich, dass der Ausbruch eines so weit entfernten Vulkans solche Auswirkungen haben kann."

*Manuela Klaas*

·······································································

### *So geht's zu den Hochwassermarken:*

*Die Kirche Sankt Maria Lyskirchen steht direkt an der Rheinuferstraße zwischen der Deutzer- und der Severinbrücke. Die beiden Hochwassermarkierungen befinden sich am Westportal der Kirche.*

*Ulrich Soénius weiß, was einst an diesen Haken an der Hausfassade hinter ihm hing.*

# 27

# Straßenbahnrosette

## Die Sache hat einen Haken

D a hängt doch ein Haken an einem Haus! Dort, unweit des Doms, in der Komödienstraße. Ziemlich groß ist er und offenbar dazu gedacht, etwas sehr Schweres daran zu befestigen. Aber was? Was könnte man an einen derartigen Haken hängen wollen? Dr. Ulrich Soénius, leidenschaftlicher Kölner und Direktor des Rheinisch-Westfälischen Wirtschaftsarchivs zu Köln (RWWA), weiß es: „Dieser Haken war früher dazu da, Oberleitungen von Straßenbahnen zu halten. Es gab noch viele weitere von ihnen." Denn durch die Komödienstraße fuhr lange Zeit eine Straßenbahn zum Dom und zum Hauptbahnhof. Ohnehin sei die Straßenbahngeschichte in Köln sehr spannend, findet der Stadtkenner: „Als die Straßenbahn fuhr, war Köln in seinen Strukturen ja noch eine mittelalterliche Stadt, umgeben von einer Stadtmauer."

Die Geschichte der Kölner Straßenbahn beginnt am 28. April 1877 mit der Einrichtung der Pferdebahn von Deutz nach Kalk durch den Weinhändler und Konsul von Peru Ernst Hardt. „Zunächst handelte es sich um ein privates Unternehmen, das aber durchaus erfolgreich war und durch immer weitere Linien ausgebaut wurde", sagt Ulrich Soénius. Die Pferde zogen ihre Wagen anfänglich nicht durch Köln, sondern durch die Vororte, die damals noch nicht eingemeindet waren. Für all jene, die etwas außerhalb lebten, war sie ein ausgesprochen wichtiges Verkehrsmittel, um in die Stadt zu kommen.

*Mächtige Metallhaken wie dieser sind noch an mehreren Stellen in Köln zu finden.*

Zwei Jahre später, 1879, fuhr dann auch eine Rundbahn des Brüsseler Frédéric de la Hault (1826-1882),, eine Linie, die ausschließlich innerhalb der Stadt verkehrte. 1882 fusionierten die beiden Betriebe. 1888 fand die Kölner „Päädsbahn" sogar Niederschlag in Grevens „Neuester Illustrirter Führer durch Köln und Umgegend", der schreibt: „Marienburg (Eintritt an Concert-Mittagen 50 Pfg. Pferdebahnlinie Dom – Alteburg – Marienburg. Dampfschiff-Gelegenheit siehe Dampfschifffahrt.) ist nebst Zoolog. Garten und der Flora der beliebteste Vergnügungsort; schönste Lage am Rhein, Aussicht auf das Siebengebirge, hübsche Garten- und alte Parkanlagen, gute Concerte und gute Restauration."

Der Betrieb florierte, die Vororte wuchsen, die Stadt Köln drängte einerseits auf einen weiteren Ausbau, andererseits auf eine Elektrifizierung. Diesen doch sehr großen Schritt wagten die privaten Betreiber aber nicht. „Deshalb kaufte die Stadt Köln die Straßenbahn und nahm die Elektrifizierung selbst vor", erzählt Ulrich Soénius die Geschichte weiter. „Nun wurden die Straßenbahnhaken notwendig, die, dem Stil und Geschmack der Zeit entsprechend, von Rosetten verziert waren. Denn die für die Elektrifizierung notwendigen Oberleitungen mussten ja irgendwie gehalten werden."

Bis 1912 wurde das Streckennetz in die Vororte ausgedehnt. Diese Bahnen sahen anders aus als die Straßenbahnen, sie waren größer und ihre Linien nicht mit Nummern, sondern mit Buchstaben versehen.

Über den Bau einer U-Bahn hatte man in Köln schon vor dem Ersten Weltkrieg nachgedacht. Durch den Ausbruch des Kriegs und die darauffolgende Weltwirtschaftskrise wurden die Überlegungen aber nicht weiterverfolgt. Nach dem Zweiten Weltkrieg lag das Hauptaugenmerk darauf, das stark zerstörte Straßenbahnnetz wieder aufzubauen. Erst im Juli 1946 verkehrten wieder erste Bahnen innerhalb der Ringe, doch 1947 tat ein heftiger Winter ein Übriges, um die ohnehin

*„Die Straßenbahnen quietschten, wenn sie um die Ecke fuhren. Deshalb hat man sie noch drei Häuser weiter gehört."*

schon stark mitgenommenen Wagen noch mehr zu beschädigen. Manche Stadtteile wurden erst 1948 angeschlossen. Der Hauptbahnhof war zu jener Zeit nur durch eine Stichstraße mit dem Netz verbunden, eine Nord-Süd-Achse gab es nicht.

Dem sollte der im Jahr 1956 verabschiedete Generalverkehrsplan Abhilfe schaffen. Vorgesehen war ein Tunnel, der die Stadt von Norden nach Süden unterquert. Eine U-Bahn im eigentlichen Sinne war das nicht, sondern eher eine Stadtbahn, die auf diesem Teilstück eben unterirdisch verkehrte. Der Tunnelbau begann 1963, 1968 wurde das Teilstück in Betrieb genommen, seither verlegte man die Stadtbahn an vielen Stellen in den Untergrund. „Mit dem Bau der Domplatte in den 1960er-Jahren verschwand dann auch dieses Stück der Straßenbahn, zu dem die Straßenbahnrosette gehört, unter der Erde", erklärt Ulrich Soénius. „Aber die alten Kölner erinnern sich noch an ihre Geräusche. Die Straßenbahnen quietschten, wenn sie um die Ecke fuhren. Deshalb hat man sie noch drei Häuser weiter gehört."

*Eva-Maria Bast*

---

### So geht's zur Straßenbahnrosette:

*Sie befindet sich an der Komödienstraße/Ecke Andreasstraße.*

# 28

# Zwillingstürme
## Der verschwundene Bauplan

S tolz ragen sie in den Himmel – die mächtigen Zwillingstürme des Doms. Erst seit dem Jahr 1880 schmücken die beiden die Westfassade der Kathedrale, deren Grundsteinlegung bereits 1248 erfolgte. Bis ins 19. Jahrhundert existierte von den Türmen nur das untere Drittel des Südturms. Nachdem die Arbeiten am Dom nach 1520 aus Geldmangel eingestellt wurden, thronte für drei Jahrhunderte auf dem bereits begonnenen Turmstück ein riesiger, durch Treträder angetriebener Baukran. Doch um ein Haar wären die Türme in ihrer jetzigen Gestalt nie konstruiert worden.

Tatsächlich gingen die mittelalterlichen Baupläne in den Wirren der französischen Besatzung Ende des 18. Jahrhunderts verloren. Niemand wusste nun mehr, wie die Fassade, die nach heutigen Erkenntnissen von Meister Arnold (gest. 1308) um 1280 entworfen wurde, ursprünglich aussehen sollte.

„Dass die beiden Türme doch noch nach historischen Plänen errichtet werden konnten, ist dem Kölner Kaufmann Sulpiz Boisserée zuzuschreiben", berichtet die ehemalige Dombaumeisterin Prof. Dr. Barbara Schock-Werner, die von 1999 bis 2012 die Kölner Dombauhütte leitete.

Sulpiz Boisserée (1783-1854) war einer der Ersten, der sich zu Beginn des 19. Jahrhunderts nach fast 300 Jahren für den Weiterbau der Türme interessierte. In einer Zeit, in der der Dom eine verwahrloste Ruine und die Baukunst des Mittelalters verpönt waren, setzte Boisserée alles daran, den verloren gegangenen Aufriss, den sogenannten Fassadenriss F, wiederzufinden. Der Zufall sollte ihm zu Hilfe eilen.

Bei Arbeiten auf dem Dachstuhl des Darmstädter Wirtshauses „Zur Traube" entdeckte der Zimmerergeselle Johannes Fuhrer im September 1814 ein riesiges, über einen Rahmen gespanntes Pergament, auf dem Bohnen zum Trocknen auslagen. Bei genauerem Hinsehen wurde ihm klar, dass es sich bei der Unterlage um eine Bauzeichnung

---

*Prof. Dr. Barbara Schock-Werner auf dem Vierungsturm des Kölner Doms. Hinter ihr die in den Himmel ragenden Zwillingstürme.*

handeln musste, die er seinem Chef, Baumeister und Hoftheaterwerkmeister Lauteschläger, zeigte. Dieser zog einen zweiten Fachmann, den Hofbaumeister und Architekten Georg Moller (1784-1852), einen langjährigen Freund Boisserées, hinzu. Moller sah sofort, dass es sich bei der 4,05 Meter hohen und etwa 80 Zentimeter breiten Zeichnung um eine Hälfte des verschollenen Fassadenrisses des Kölner Doms handelte. Allerdings war lediglich der Entwurf für den Nordturm abgebildet – aber immerhin. Noch am selben Tag schrieb Moller an Boisserée einen Brief, in dem es hieß: „Mit tiefer Rührung halte ich dieses Pergament in meiner Hand, dasselbe, was die Hand des edlen, großen Meisters berührte." Seither gilt Moller als Entdecker des gotischen Bauplans. Den Zimmerergesellen Johannes Fuhrer entlohnte er mit einem preußischen Taler. Der eigentliche Finder geriet schnell in Vergessenheit.

*Der lange verschollene Fassadenriss F der Zwillingstürme ist heute hinter einem lichtgeschütztem Vorhang in der Johanneskapelle des Doms verborgen.*

Nach diesem glücklichen Fund ließ Boisserée nichts unversucht, um an das Pendant des Südturms zu gelangen. Wie ein Detektiv verfolgte er diverse Spuren. Eine davon führte nach Paris: In einem französischen Buch über noch unbekannte Kunstschätze fiel ihm kurz vor der Entdeckung der ersten Planhälfte ein Kupferstich mit der Abbildung eines Mittelfensters der Westfassade auf. Doch diese war noch nicht gebaut, sondern lediglich auf dem Riss entworfen, der bis dato fehlte. Ergo musste sie der Zeichner kopiert haben. Aber wo? Boisserée entsandte einen Freund nach Paris, um den Plan aufzutreiben. Und dieser wurde tatsächlich fündig: Am 2. Januar 1816 war es dem Kunstliebhaber Boisserée vergönnt, die beiden Hälften des Entwurfs der Westfassade inklusive des Mittelteils zusammenzufügen. Ein historischer Moment! Der Plan hatte eine Größe von 4,06 mal 1,66 Meter und bestand aus 20 zusammengeklebten Pergamenten.

„Es war wirklich eine ganz außergewöhnlich detaillierte Zeichnung", sagt Barbara Schock-Werner. „Jede Kreuzblume, jeder Fries war bis ins Kleinste abgebildet. Dies ist für einen mittelalterlichen Bauriss höchst ungewöhnlich", berichtet die ehemalige Dombaumeisterin. „Im Normalfall wurde jedes Element nur einmal dargestellt. Daraus lässt sich schließen, dass der Riss ursprünglich nicht als Bauplan, sondern als Anschauungsbild für den Auftraggeber, das Kölner Domkapitel, gedacht war."

Ein Gutachter bestätigte die Echtheit des mittelalterlichen Fassadenrisses. Nach vielen Jahrhunderten Baustopp rückte die Vollendung des Doms nun in greifbare Nähe. Die Zeitung Rheinischer Merkur erklärte in ihrer Ausgabe vom 20. November 1814 den Weiterbau des Doms zur nationalen Angelegenheit. Doch dieser musste finanziert werden. Sulpiz Boisserée überzeugte den preußischen Kronprinzen, den späteren König Friedrich Wilhelm IV. (1795-1861), von dem geplanten Vorhaben. „Boisserée war die treibende Kraft zur Domvollendung", konstatiert die profunde Kennerin des Doms und seiner Geschichte. „Heute würde man sagen, er war ein Netzwerker und ließ all seine Verbindungen spielen."

*„Dass die beiden Türme doch noch nach historischen Plänen errichtet werden konnten, ist dem Kölner Kaufmann Sulpiz Boisserée zuzuschreiben."*

Auch Johann Wolfgang von Goethe (1749-1832), ein Freund Boisserées, sicherte nach anfänglicher Skepsis seine Unterstützung zu und sprach ebenfalls beim Kronprinzen vor, der eine besondere Vorliebe für das Mittelalter und die gotische Architektur hegte. 1840 zum König gekrönt, stellte Friedrich Wilhelm IV. mehr als die Hälfte der benötigten Gelder zur Verfügung. Zur verbleibenden Finanzierung gründeten Sulpiz Boisserée, Joseph Görres (1776-1848), einer der einflussreichsten politischen Publizisten der ersten Hälfte des 19. Jahrhunderts, der Unternehmer und Politiker Heinrich von Wittgenstein (1797-1869) sowie der Jurist August Reichensperger (1808-1895) zusammen mit anderen namhaften Bürgern der Stadt am 13. April 1841 den gemeinnützigen *Zentral-Dombau-Verein*. Dieser hatte sich zum Ziel gesetzt, die Vollendung des Doms voranzutreiben und das erforderliche Geld zu sammeln. Schon eineinhalb Jahre später, am 4. September 1842, legten König Friedrich Wilhelm IV. und der spätere Erzbischof Johannes von Geissel (1796-1864) den Grundstein für den Weiterbau der

Zwillingstürme. Dieser zweite Grundstein in der Geschichte des Doms wurde in den noch unvollendeten Südturm eingemauert. Boisserée, der den ersten Bauabschnitt der beiden Türme begleitete, erlebte die Fertigstellung im Jahr 1880 jedoch nicht mehr, er starb 1854 in Bonn.

*„Es war wirklich eine ganz außergewöhnlich detaillierte Zeichnung. Jede Kreuzblume, jeder Fries war bis ins Kleinste abgebildet. Dies ist für einen mittelalterlichen Bauriss höchst ungewöhnlich.“*

Dass die Vollendung des Doms weitaus mehr Geld verschlang als zunächst angenommen, bekam Boisserée ebenfalls nicht mehr mit. Zehn Jahre nach seinem Tod rief der Verein eine „Dombau-Lotterie" ins Leben, deren erste Ziehung bereits enorme Summen in die Kassen spülte. Fortan hieß es „Zocken für den Dom". Die dank der Lotterie eingespielten Gelder sollten einen entscheidenden Anteil an der Finanzierung der Domvollendung haben.

Und die aufgespürten Pläne? Der Fassadenriss F ist heute hinter einem dunkelgrünen Samtvorhang, der den historischen Bauplan vor Licht schützt, in der Johanneskapelle des Doms verborgen. Nur ganz selten, meist bei architektonisch interessierten Führungen, wird der Vorhang gelüftet.

*Manuela Klaas*

......................................................

*So geht's zu den Zwillingstürmen:*

*Die Türme des Doms sind schon von weitem sichtbar. Die Adresse lautet: Im Domkloster 4.*

*Bruno Knopp weist auf den ehemaligen Wartungs-
und Streifenweg der preußischen Armee, der heute
von Platanen gesäumt wird.*

# 29

# Platanenallee

## Bäume statt Kanonen

R uhig und friedlich wirkt die Platanenallee im Inneren Grüngürtel, die die Luxemburger- mit der Zülpicher Straße verbindet. Einige wenige Spaziergänger flanieren über den schmalen Weg, der von herabfallendem Herbstlaub gesäumt wird. Nichts deutet darauf hin, dass Teile des Weges im ausgehenden 19. Jahrhundert zu einer großen Kölner Befestigungsanlage, der inneren Umwallung, gehörten. Der heutige Paula-Kleinmann-Weg war als militärischer Wartungs- und Streifenweg der feindseitige Abschluss des Korridors, welcher hier stadteinwärts mit dem Luxemburger Wall begann.

„Nachdem die Preußen im Jahr 1815 die Herrschaft am Rhein übernommen hatten, bauten sie Kölns Verteidigungsanlage systematisch aus", berichtet Diplom-Geograph Bruno Knopp. „Neben der exponierten Lage gegenüber Frankreich sprach man der größten Stadt der preußischen Rheinprovinz als bedeutendem Handelsplatz und Industriestandort sowie als wichtigem Verkehrsknoten eine maßgeblich strategische Bedeutung zu."

Im 19. Jahrhundert bestimmte die Verteidigungsfähigkeit der Stadt das militärische Handeln. Obwohl die im Mittelalter errichtete Stadtmauer immer weiter verstärkt wurde, war der preußischen Armee schnell bewusst, dass die alte Befestigung der ständig fortschreitenden Waffentechnologie wenig entgegenzusetzen hatte. Eine Kette stadtnaher Forts wurde zusätzlich angelegt. Nachdem der Bau des äußeren Festungsgürtels mit insgesamt 182 militärischen Einrichtungen rechts und links des heutigen Militärrings im Jahr 1880 abgeschlossen war, baute das Militär von 1882 an neun Jahre lang einen zusätzlichen Befestigungsring um das linksrheinische Köln. Einige der Forts wurden in die neue innere Umwallung integriert.

*„Die innere Kölner Umwallung war eine der größten Fehlinvestitionen der preußischen Armee."*

Die Armee finanzierte dieses große Festungsprojekt durch den Verkauf der mittelalterlichen Stadtmauer an die Stadt Köln. Von jener sind neben wenigen Mauerresten die Eigelsteintorburg im Norden, die Hahnentorburg im Westen, die Severinstorburg im Süden sowie die Ulrepforte am Sachsenring im Stadtbild verblieben.

Die neue innere Wallanlage erstreckte sich halbkreisförmig vom Rheinufer in Köln-Riehl bis nach Köln-Bayenthal um die Stadt. Straßennamen wie Bonner-, Eifel-, Krefelder- oder Neusser Wall markieren den ungefähren damaligen Verlauf.

„Unter preußischer Besatzung war Köln die meiste Zeit hinweg von einem doppelten Festungsring umgeben", konstatiert Bruno Knopp, der individuelle Stadtführungen in der Domstadt anbietet. „Gemäß der neudeutschen Befestigungsmanier aus den frühen 1870er-Jahren wollte man das Eindringen des Feindes in den inneren Festungsbereich auf jeden Fall verhindern." Die Entscheidung – zu der es nie kam – wäre nach Vorstellung der Preußen am äußeren Fortgürtel ausgetragen worden. Infanterie- und Artillerieräume, Stützpunkte sowie ausgedehnte Stacheldrahtfelder sollten bei einem Angriff den inneren Ring sichern. Hier wollte man den eventuell durchbrechenden Feind endgültig aufhalten, womit der inneren Umwallung die Funktion einer Reservestellung zukam.

„Das Projekt der inneren Stadtumwallung war umstritten, da es immense Kosten erforderte und ihr militärischer Nutzen von Beginn an infrage gestellt wurde", sagt Bruno Knopp. Dennoch entschloss sich das preußische Militär, die Wallanlage zu errichten. Sie war 8,2 Kilometer lang und durchschnittlich rund 90 Meter breit. Im Jahr 1891 wurde sie fertiggestellt.

„Die Anlage bestand aus der innen gelegenen Wallstraße, einem breiten, fünf Meter hohen Wall sowie einem zwölf Meter breiten und sieben Meter tiefen Graben mit feldseitig gemauerter Ziegelwand", erläutert Bruno Knopp. „Vor dem Graben hatte man eine leicht ansteigende Erdanschüttung angelegt. Das Militär spricht hier von einem sogenannten Glacis, dem französischen Wort für Abhang. Es diente als freies Schuss- und Beobachtungsfeld, das möglichen Angreifern wenig Deckung bot."

Am feindseitigen Ende lag der Glacisweg, jener Wartungs- und Streifenweg, dessen überwiegenden Verlauf heute die Platanenallee markiert. Dieser Weg war 17,50 Meter breit. „Der potentielle Hauptfeind, der Franzose, wäre im Fall eines Angriffs entweder bereits auf dem Glacis erschossen oder zumindest daran gehindert worden, den Frontabschnitt im Handstreich zu nehmen. Im gemauerten Graben hatte man überall Kanonen installiert, sodass er spätestens hier bestrichen – wie der militärische Ausdruck lautet – worden wäre", erklärt der Geograph.

Mit dem Aufkommen der Brisanzgranate Anfang der 1880er-Jahre, einer mit Pikrinsäure und Zellulosenitrat gefüllten Sprenggranate, war die gerade fertiggestellte Umwallung endgültig für die Katz. „Die innere Kölner Umwallung war eine der größten Fehlinvestitionen der preußischen Armee", bekräftigt Bruno Knopp. „Die Planung wurde vom technischen Fortschritt schlichtweg überrollt. Der Franzose hätte die Wallanlage wohl einfach in die Luft gesprengt und die

Fläche mehr oder minder nivelliert." Hinzu kam, dass die Bevölkerung Kölns weiter wuchs. Der gesteigerte Flächenbedarf besiegelte das Schicksal der Umwallung. „Ab 1902 kam es bereits zu geheimen Ankaufsverhandlungen zwischen der Stadt und dem Militärfiskus, um das Gelände zu erwerben. Fünf Jahre später wurde der Vertrag besiegelt", berichtet Bruno Knopp. „Im Jahr 1911 begann man mit der zügigen Entfestigung, der Wall wurde abgetragen, die Gräben verfüllt."

Nach den Vereinbarungen zur militärischen Abrüstung des Versailler Vertrags von 1919 wurde die Befestigung endgültig geschleift. Heute wächst Gras über die ehemaligen Anlagen der inneren Umwallung – oder die Areale sind bebaut. Der damalige Kölner Oberbürgermeister Konrad Adenauer (1876-1967) veranlasste, eine große, ringförmige Parkanlage, den Inneren Grüngürtel, auf den freien Schussfeldern vor der Umwallung anzulegen.

*Manuela Klaas*

### *So geht's zur Platanenallee:*

*Der gepflasterte Fußweg heißt heute Paula-Kleinmann-Weg und verbindet die Luxemburger mit der Zülpicher Straße.*

*Für Wolfgang Niedecken ist der graue Betonklotz einfach „der Fahnenigel", da er ihn an die Käseigel aus den 1960er-Jahren erinnert.*

# 30

# Betonsockel
## Relikt aus sozialistischer Zeit

Ein Schmuckstück ist sie nicht gerade, die graue Halbkugel aus Beton mit den fünf Löchern auf der Oberseite. Fast scheint es, als wäre der gerundete Stein vor der Einfahrt der Handelsabteilung des polnischen Generalkonsulats schlichtweg vergessen worden.

„Das Ding steht seit Jahrzehnten da und niemand weiß, was es eigentlich ist", sagt BAP-Gründer Wolfgang Niedecken, der schon oft erlebt hat, dass Freunde und Bekannte völlig ratlos vor dem merkwürdigen Klotz stehen blieben.

„Für mich ist es der Fahnenigel, weil er mich an die Käseigel erinnert, die in den 1960er-Jahren auf jedem Buffet standen", sagt Niedecken. „Ich habe solche Betonklötze vor dem Mauerfall auch schon in Ost-

Berlin gesehen. Damals wurden bei Staatsbesuchen und Militärparaden, aber auch bei internationalen Sportveranstaltungen die Fahnen der teilnehmenden Staaten in die Löcher gesteckt."

Das war wohl auch bei der Handelsabteilung des polnischen Generalkonsulats im Stadtteil Marienburg der Fall, vor deren Tor der abgerundete Betonsockel steht. Nur, dass hier keine Paraden und Sportveranstaltungen, sondern Konsulatsempfänge stattfanden. Bis zu fünf Fahnen hatten im Sockel Platz, die polnische, so bestätigt das Konsulat, war immer darunter. „Mir fiel der Betonsockel im Jahr 1999 auf", erinnert sich Wolfgang Niedecken. „Doch zu diesem Zeitpunkt wurde er schon nicht mehr benutzt. Ich selbst habe noch nie Fahnen in dem Sockel gesehen."

Die Handelsabteilung des polnischen Generalkonsulats, die heute unter der Bezeichnung „Abteilung für Handel und Investitionen" firmiert, zog 1977 von der Innenstadt in die Alteburger Mühle, dem ältesten noch vorhandenen Bauwerk Marienburgs. Ende des 18. Jahrhunderts ließ der Kaufmann Johann Wilhelm Huybens die Windmühle auf den Fundamenten eines mittelalterlichen Turms errichten. Seit 1983 steht sie unter Denkmalschutz.

Und der Fahnenigel? Er stammt wohl noch aus sozialistischer Zeit: 1980 zog die Botschaftskanzlei der damaligen Volksrepublik Polen ein paar Straßen weiter in die Lindenallee, die Handelsabteilung blieb in der Alteburger Mühle. Damals, als Bonn noch Hauptstadt der Bundesrepublik Deutschland war, lebten viele Diplomaten in Marienburg. Während tagsüber die Amtsgeschäfte im benachbarten Bonn abgewickelt wurden, fanden die abendlichen Empfänge im Kölner Süden statt. Und bei diesen Anlässen kam der Fahnenigel zum Einsatz.

*Manuela Klaas*

........................................................

## So geht's zum Betonsockel:

*Der Fahnenigel befindet sich am Straßenrand direkt vor der Zufahrt zur Wirtschafts- und Handelsabteilung des polnischen Generalkonsulats in Köln-Marienburg, An der Alteburger Mühle 6.*

*Günter Schwanenberg neben der Grabstätte Hummerich. Die Gruft diente in den letzten Monaten des Zweiten Weltkriegs als Versteck für die Vermögenswerte der Stadt.*

# Grabstätte Hummerich

## Ein sicheres Versteck

tadtführer Günter Schwanenberg kennt den Südfriedhof wie seine Westentasche. Oft trifft man ihn hier bei einem seiner musikalischen Spaziergänge, bei denen er Geschichten erzählt und zur Gitarre kölsche Lieder singt. Eine dieser Geschichten handelt von der Grabstätte Hummerich. Sie barg gegen Ende des Zweiten Weltkriegs ein millionenschweres Geheimnis.

„Es sollen mehrere 100 Millionen Reichsmark in Bargeld und Wertpapieren wie Hypothekenbriefe, Schuldverschreibungen und Sparkassenbücher gewesen sein, die in der Nacht vom 13. auf den 14.

September 1944 vor den anrückenden US-Truppen in der Grabstätte Hummerich versteckt wurden", verrät Günter Schwanenberg.

Als sich der Untergang des Dritten Reichs abzeichnete, wollten die Nationalsozialisten die Vermögenswerte der Stadt in Sicherheit bringen. Doch wohin damit?

*Geld und Wertpapiere, gebündelt in 23 Paketen, waren unter dieser Grabplatte versteckt.*

„Die Gauleitung befahl dem damaligen Stadtkämmerer Oskar Türk, alle liquiden Werte sowie das abhebbare Bargeld in ein Depot nach Duderstadt in den Harz zu bringen", berichtet der Stadtführer. „Dort, so dachte man, wäre das Kapital sicher. Schließlich war Duderstadt ein zentraler Ort, weit entfernt von der Westfront und auch von Russland."

Prof. Dr. Dr. Oskar Türk (1893-1978) konnte sich mit dieser Idee nicht anfreunden. Er wollte die Finanzen der Stadt lieber begraben. Schließlich garantierte ihm niemand, dass das ins ferne Duderstadt transportierte Geld jemals den Rückweg nach Köln antreten würde. Der Stadtkämmerer war sich durchaus bewusst, dass Köln bei Kriegsende alle verfügbaren Mittel für den Wiederaufbau benötigen würde.

„Professor Türk ließ Geld und Wertpapiere in 23 Pakete schnüren. Er hatte die Idee, alles in einem Zinksarg zu verstauen, diesen in ein neues Grab zu senken und ein Kreuz mit einem erfundenen Namen daraufzustellen", schrieb der Journalist Peter Fuchs (1921-2003) am 15. März 1985 im Stadt-Anzeiger. Kurz vor seinem Tod im Jahre 1978 hatte Türk dem Publizisten die damaligen Begebenheiten erzählt. Die Historikerin und Archivpädagogin Monika Frank spürte den über 30 Jahre alten Zeitungsbericht auf. In Fuchs' Artikel ist weiter zu lesen: „Aber der Leiter der städtischen Friedhofsverwaltung, Oberbaurat Nußbaum, riet davon ab. Viele Kölner versteckten jetzt ihre Wertsachen in Gräbern von Angehörigen, (…) deshalb würden Gräber oft geplündert." Gartenbaudirektor Theodor Nußbaum (1885-1956), Spezialist für Friedhofs- und Sportanlagengestaltung, empfahl, eine Gruft mit massivem Gewölbe als Depot zu benutzen.

„In der Familiengruft H. J. Hummerich auf dem Südfriedhof gab es noch eine unbelegte Grabkammer", erzählt Günter Schwanenberg.

„In einer Nacht- und Nebelaktion transportierte Stadtkämmerer Oskar Türk gemeinsam mit Sparkassendirektor Dr. Hans Heidkamp und dem Kassendirektor Bernhard Land das Vermögen der Stadt in einem Lastwagen zum Friedhof. Hier wurde die wertvolle Fracht in einen vorbereiteten Sarg umgebettet und in der Gruft versenkt." Anschließend verschlossen sie die Grabstätte wieder sorgfältig. „Türk erlaubte seinen beiden Mitwissern, der Stadtverwaltung nach Kriegsende das Versteck zu verraten", so Schwanenberg.

Unter amerikanischer Besatzungsherrschaft fungierte die Militärverwaltung als Kontrollapparat neben den deutschen Verwaltungs-

*„Es sollen mehrere hundert Millionen Reichsmark in Bargeld und Wertpapieren (...) gewesen sein, die in der Nacht vom 13. auf den 14. September 1944 vor den anrückenden US-Truppen in der Grabstätte Hummerich versteckt wurden."*

behörden. Unmittelbar nach dem Einmarsch der Amerikaner im März 1945 setzten einige wenige Mitarbeiter der alten Verwaltung unter Oskar Türk im rechtsrheinischen Brück ihre Arbeit fort. „Durchs Radio erfuhr die (…) Verwaltung, daß die Amerikaner im linksrheinischen Köln eine neue Stadtverwaltung aufbauten", schreibt Peter Fuchs in seinem Bericht. Stadtführer Günter Schwanenberg ergänzt: „Oskar Türk wurde zu den Amerikanern in die Lütticher Straße beordert. Man wollte von ihm wissen, wo die Vermögenswerte der Stadt lagerten." Türk räumte ein, dass er sie auf dem Südfriedhof versteckt habe. Als man gemeinsam die Grabstätte Hummerich öffnete, war diese jedoch leer. „Die Stadtverwaltung hatte das Geld und die Wertpapiere bereits geholt", berichtet Schwanenberg. Ganz so, wie man es zuvor besprochen hatte.

*Manuela Klaas*

## So geht's zur Grabstätte Hummerich:

*Die Gruft befindet sich auf dem Südfriedhof, gleich das zweite Grab rechts an der Hauptachse zum Hochkreuz. Flur 15,2.*

# Vermauerte Tür

## Komfortable Abkürzung der Stiftsherren

Wirft man an der Ostseite der Kirche St. Aposteln einen Blick nach oben, entgeht einem wohl kaum die vermauerte Tür in etwa fünf Metern Höhe. Eine geheimnisumwitterte Pforte, mit Tuffsteinen verschlossen – doch was genau hat es damit auf sich, und warum befindet sie sich an einem solch schwindelerregenden Ort?

„Die den zwölf Aposteln geweihte Kirche wurde erstmals im Jahr 965 urkundlich erwähnt", berichtet Stadtführerin Petra Lentes-Meyer. „Zu jener Zeit war St. Aposteln noch eine kleine Kapelle. Nach 1021 ließ Erzbischof Pilgrim aus dem unscheinbaren Kirchlein eine dreischiffige Basilika und ein daran anschließendes Stiftsgelände errichten."

Im Mittelalter grenzte die römische Stadtmauer die Kirche St. Aposteln um wenige Meter von der Stadt ab. Die meisten Kanoniker, wie die Stiftsherren auch genannt werden, kamen aus wohlhabenden Bürgerfamilien oder Adelskreisen. Sie lebten in Stiftsgebäuden, ähnlich einem Kloster, direkt auf dem Gelände von St. Aposteln.

„Um in die Stadt zu gelangen, nutzten die Kanoniker oftmals den Weg über die Mauer als Abkürzung", erzählt Petra Lentes-Meyer. „Die damalige Mauerkrone war begehbar, und von dort zweigte wahrscheinlich eine schmale Holzbrücke zu der heute vermauerten Tür ab."

Zudem vermutet die Stadtführerin, dass von der Mauerkrone eine Holztreppe zum Stadttor hinunterführte. Ohne diese höchst komfortable Abkürzung hätten die Kanoniker über das Stiftsgelände zum mittleren Westtor gehen müssen, das südlich des Chores in die Römermauer eingelassen war.

Dass es die Holzbrücke als Verbindung zwischen Tür und Mauerkrone gab, glaubt auch der Maler Siegfried Glos, der intensive Recherchen zur römischen Stadtmauer betrieben hat. „Die Römermauer war nur etwa vier Meter von der Tür entfernt", sagt Glos. Der Maler kann sich jedoch vorstellen, dass die Holzbrücke gebaut wurde, weil die Stifts-

*Petra Lentes-Meyer weist auf die vermauerte Tür an der Ostseite von St. Aposteln in fünf Metern Höhe.*

herren lieber unter sich blieben und keinen Kontakt zum einfachen Volk wünschten. Über die Brücke gelangten sie quasi durch eine Hintertür in den Drei-Konchen-Chor und zur Sakristei – auch dann, wenn im Marienchor Gottesdienst gehalten wurde. Dass sie zudem diesen Weg als Abkürzung in die Stadt nutzten, schließt Glos' Theorie nicht aus.

*„Und am Türsockel kann man in etwa abschätzen, wie hoch die Römermauer an dieser Stelle gewesen sein muss."*

Im 12. Jahrhundert wurde das mittlere Westtor im Rahmen der Stadterweiterung abgerissen. Zu diesem Zeitpunkt gab es unterhalb der Apsis bereits einen Durchbruch in der Römermauer, den die Stiftsherren ebenfalls nutzten, um in die Stadt zu gelangen. Auf einem von Glos' Bildern sieht man diese Öffnung und nur wenige Meter entfernt die hölzerne Treppe, die an der Außenseite der Römermauer steil zur Brücke hinaufführt. Die Brücke selbst ist im Bild mit einem stabilen Geländer gesichert und in der Mauerwand mit diagonalen Streben verankert.

Wann die Römermauer vor St. Aposteln aus dem Stadtbild verschwand, kann heute nicht mehr genau nachvollzogen werden. „Die letzte bildliche Darstellung, auf der sie vor der romanischen Basilika noch zu sehen ist, datiert aus dem Jahr 1759", erzählt Siegfried Glos. „Dabei handelt es sich um eine Tuschzeichnung des holländischen Malers Cornelis Pronk. Auf nachfolgenden Bildern aus der Zeit um 1800 ist die Mauer nicht mehr zu sehen." Was bedeutet, dass das antike Bauwerk innerhalb dieser 40 Jahre gänzlich abgerissen worden sein muss. „Man erkennt auf Pronks Zeichnung, dass die Mauer im 18. Jahrhundert schon um einiges niedriger war als noch im Mittelalter", fügt Glos hinzu. „Somit hat zu jener Zeit auch niemand mehr die hochgelegene Tür genutzt."

Die Mauer östlich von St. Aposteln wurde analog zu anderen römischen Stadtmauern sowie im Verhältnis zur Fundamentstärke von Archäologen virtuell und zeichnerisch rekonstruiert. Da der Mauerverlauf im Norden und Süden bekannt war, musste im Westen lediglich eine Verbindungslinie gezogen werden.

„Gleich gegenüber, dort wo die Apostelnstraße beginnt, befindet sich ein Bronzerelief im Pflaster, in dem die römische Stadtbefestigung als unregelmäßiges Viereck, das einem Quadrat ähnelt, skizziert ist", verrät Petra Lentes-Meyer. In der Tat ist auf der im Boden eingelassenen Platte zu sehen, dass St. Aposteln direkt vor der Mauer lag. Auch das mittlere Westtor ist verzeichnet.

„Dass die Kirche außerhalb der Stadt errichtet wurde, geschah nach römischem Vorbild", erklärt die Stadtführerin, „St. Aposteln wurde der Papstbasilika St. Paul vor den Mauern, die dem Apostel Paulus geweiht ist, nachempfunden. Wie schon der Name vermuten lässt, liegt auch diese Kirche außerhalb der noch erhaltenen antiken aurelianischen Stadtmauer Roms, ein im 3. Jahrhundert nach Christus erbauter Verteidigungswall." Als wollte man die Verbindung zur Mutterkirche St. Paul vor den Mauern, die im Mittelalter als größte und wichtigste Kirche Roms galt, noch einmal explizit hervorheben, ist im Westturm von St. Aposteln eine aus römischem Stein gehauene Paulusstatue eingelassen.

„Der externe Standort von St. Aposteln bot zudem Menschen Schutz, die des Nachts vor dem verschlossenen Stadttor standen und eine vorübergehende Bleibe auf dem Stiftsgelände fanden", berichtet die Stadtführerin. „Wer die Stadt hingegen in Richtung Aachen verließ, betete in St. Aposteln um eine sichere Reise und eine wohlbehaltene Rückkehr."

*Auf der Bronzeplatte kann man erkennen, dass die Kirche St. Aposteln vor der römischen Mauer lag. Auch das mittlere Westtor ist zu sehen.*

Auch zu der geheimnisvollen Tür weiß Petra Lentes-Meyer noch etwas zu erzählen: „Der Volksmund nennt sie in Erinnerung an den heiligen Heribert, der im Jahr 999 zum Erzbischof von Köln gewählt wurde, das Heribertspöötzje, die Heribertspforte." Dies ist darauf zurückzuführen, dass in der Vergangenheit irrtümlich Erzbischof Heribert (um 970-1021) und nicht dem eigentlichen Bauherrn Erzbischof Pilgrim (um 985-1036) der Ausbau des unscheinbaren Kirchleins zu einem imposanten Bauwerk zugeschrieben wurde.

Bleibt noch zu klären, was sich eigentlich direkt hinter dem *Pöötzje* verbarg. „Man betrat nicht, wie viele vermuten, eine Treppe, die hinab ins Erdgeschoss führte, sondern gelangte auf den oberen Laufgang der Apsis", sagt die Stadtführerin. „Und am Türsockel kann man in etwa abschätzen, wie hoch die Römermauer an dieser Stelle gewesen sein muss."

Wobei zu beachten wäre, dass wir uns heute nicht mehr auf dem ursprünglichen Niveau der Römer bewegen, gibt Dr. Alfred Schäfer, Archäologe am Römisch-Germanischen Museum, zu bedenken, da das Gelände zur damaligen Zeit tiefer lag. „Aufgrund des Fundaments, das drei Meter stark war, wurde eine Mauerhöhe zwischen sieben und siebeneinhalb Metern rekonstruiert. Die Schwelle des Westtors und der angrenzende Mauersockel liegen etwa 2,50 Meter unter dem heutigen Straßenniveau", berichtet der Archäologe, „die Breite des sichtbaren Mauerwerks lag bei 2,40 Meter." Geräumig genug für die Stiftsherren, um bequem oben auf dem Wehrgang laufen zu können.

*Manuela Klaas*

........................................................
*So geht's zur vermauerten Tür:*

*Die Kirche St. Aposteln liegt in der Innenstadt am Neumarkt 30 zwischen Hahnenstraße und Mittelstraße. Die Tür befindet sich in etwa fünf Metern Höhe an der Ostseite Richtung Neumarkt.*

*Ulrich Soénius vor dem geheimnisvollen Türmchen.*

# Türmchen

## Auf geheimen Pfaden unter dem Rhein

„Ich finde immer, dass er aussieht wie ein Bunker", sagt Dr. Ulrich Soénius und zeigt von der Hohenzollernbrücke aus auf der Deutzer Seite nach unten. „Ich stelle aber auch fest, dass niemand diesen kleinen Turm je bemerkt, obwohl er so merkwürdig ist."
Ein kleiner Turm am Flussufer – klingt romantisch, aber davon, romantisch auszusehen, könnte das Bauwerk nicht weiter entfernt sein. Denn der Turm ist mitnichten hübsch, sondern grau, aus Beton und mit Graffiti beschmiert. Kein Wunder, dass der Wirtschaftsarchi-

var stets an einen Bunker denken muss, wenn er das Türmchen erblickt. „Doch wenn man mit jemandem unterwegs ist, der einen Schlüssel zu diesem Turm hat, dann entdeckt man etwas ganz Erstaunliches", erzählt er weiter. „Denn hinter der Tür befindet sich der Eingang zu einem unterirdischen Gang, der vier bis sechs Meter unter der Rheinsole unter dem Fluss auf die andere Seite führt", verrät er. Über 100 Stufen geht es auf einer engen Wendeltreppe nach unten. „Und dann steht man in einem Raum, von dem aus man in einen Tunnel blickt", erzählt der Kölner.

> *„Ich stelle aber auch fest, dass niemand diesen kleinen Turm je bemerkt, obwohl er so merkwürdig ist."*

Ein Geheimgang? Eher ein Energiegang! Um den zu bohren, mussten 2.500 Lastwagenladungen Aushub abtransportiert werden. „Das ist ein Tunnel für die Fernwärme der RheinEnergie", erklärt Ulrich Soénius. Bei Führungen kann man den Mitte der 1984er-Jahre gebauten Tunnel durchqueren und zwischen den Rohren, in denen die Fernwärme fließt, hindurchgehen. Wenn man so groß ist wie Ulrich Soénius, also etwas über 1,85 Meter, muss man sich allerdings ein wenig ducken, um die 461 Meter Länge hinter sich zu bringen. Zwar hat die Röhre stolze drei Meter Durchmesser. Aber da die Fernwärmeleitungen Platz benötigen, ist der Kontrollgang so schmal wie möglich gehalten. „Ich schätze dessen Höhe auf etwa 1,60 Meter", sagt Soénius.

Eine spannende Alternative zur Überquerung des Rheins auf einer der acht Brücken oder mit einer der Fähren: Einfach im Rahmen einer Führung mal untendurch gehen und am Breslauer Platz wieder ans Tageslicht kommen.

*Eva-Maria Bast*

......................................................

### *So geht's zum Türmchen:*

*Es steht am Kennedy-Ufer auf der Deutzer Seite des Rheins. Wenn man von der Stadtmitte aus über die Hohenzollernbrücke geht, kann man es auf der linken Seite erkennen.*

*Der abgebrochene Klöppel der Kaiserglocke steht in einer Nische des Südportals.*

# 34

# Klöppel
## Der stumme Zeuge

**F**est an die Außenwand des Doms geschmiedet steht in einer Nische neben dem Südportal ein mannshoher, gusseiserner Klöppel. Da er Wind und Wetter ungeschützt ausgesetzt ist, weist der imposante Schlegel erhebliche Rostspuren auf. An seinem oberen Ende ist zudem eine auffallende Bruchstelle erkennbar.

Matthias Deml, Sprecher der Dombauhütte, weiß um die bewegte Geschichte, die das gusseiserne Relikt hinter sich hat: „Dies ist der abgebrochene Klöppel der Kaiserglocke, der bis 1918 größten Glocke des Doms. Am 6. Juni 1908 brach beim Einläuten des Pfingstfestes die obere Öse und der Klöppel stürzte mit einem Gewicht von etwa einer Tonne ins Eisenwerk des Glockenstuhls."

Wie durch ein Wunder blieben die 52 Deutzer Soldaten, die an jenem Morgen in den Seilen hingen, um neben der Kaiserglocke auch die anderen vier großen Glocken des Doms zu läuten, unverletzt. „Schon vor dem Absturz des Klöppels war die Kaiserglocke ein problematischer Fall", konstatiert der Sprecher der Dombauhütte. „Im ersten Jahr nach ihrer Hängung läutete die Glocke gar nicht und auch danach nur äußerst selten. Die Kölner nannten sie schon recht bald die große Schweigerin."

Die vom pfälzischen Glockengießer Andreas Hamm (1824-1894) gefertigte Glocke musste gleich zweimal gegossen werden. Zuvor war Hamm vom Zentral-Dombau-Verein per Vertrag verpflichtet worden, den Schlagton C genau zu treffen. Der erste Guss am 19. August 1873 misslang, weil die Menge des verwendeten Metalls falsch kalkuliert war und nicht ausreichte. Auch der zweite Guss vom 13. November 1873 schlug fehl, statt des gewünschten Tons C erklang ein helles Cis. Dennoch wurde auf einen weiteren Guss verzichtet, man erwog stattdessen, Klöppel und Aufhängung neu zu justieren. Bis zur endgültigen Hängung sollten weitere fünf Jahre vergehen: am 7. August 1878 wurde die Kaiserglocke schließlich in den Südturm hinaufgezogen. Sie wog stolze 26.250 Kilogramm und hatte einen Durchmesser von 3,42 Metern.

*Der abgebrochene Klöppel brachte keinen wohlklingenden Ton zustande. Heute steht er geschützt hinter einem Gitter. Matthias Deml kennt die bewegte Geschichte, die hinter dem gusseisernen Relikt steckt.*

„Als sie zum ersten Mal geläutet wurde, erklang kein Ton", erzählt Matthias Deml. „Der Klöppel erfuhr nicht genügend Beschleunigung, um den oberen Rand zu erreichen, aber immerhin so viel, um vom unteren fernzubleiben. Vereinfacht gesagt: Der Klöppel bewegte sich mit der Glocke."

Der Wissenschaftsjournalist Norbert Lossau schreibt 2014 in der Tageszeitung „Die Welt" folgendes zur Kaiserglocke: „Kirchenglocken sind Doppelpendel. Der große Glockenkörper ist das eine Pendel. Daran – und darin – aufgehängt ist ein zweites Pendel, der sogenannte

Klöppel. (…) Hätte man sich die Physik des Doppelpendels damals genauer angeschaut, hätte man vorher wissen können, dass unter ganz bestimmten geometrischen Verhältnissen die beiden Pendel exakt in Phase schwingen und deshalb der Klöppel niemals anschlagen kann."

30 Jahre lang versuchte man vergebens, einen wohlklingenden Ton zu erzielen. Dann brach die Öse. Wie der ehemalige Dombaumeister Prof. Dr. Arnold Wolff schreibt, wurde „daraufhin eine elektrische Läutemaschine eingebaut, die die Glocken mit von Hand gezogenen Kupplungen in Bewegung setzte. Eine schwere Eisenkugel mit Anschlagballen aus Bronze diente als Klöppel in der Kaiserglocke. Am 19. Juli 1909 war erstmals ein wenigstens technisch einwandfreies Läuten möglich".

Doch warum verlieh man dem misstönigen Geläut einen so edlen Namen wie „Kaiserglocke"? Nun, die Erklärung hierfür ist denkbar einfach: Mitten im Deutsch-Französischen Krieg von 1870/71, am 10. Dezember 1870, schrieb der Zentral-Dombau-Verein einen Bittbrief an die preußische Regierung, in dem er um fünf erbeutete Bronzekanonen für den Guss der Glocke bat. Am 11. Mai 1872 ließ Kaiser Wilhelm I. (1797-1888) 22 Kanonen vor den Dom stellen. Als Dank für die großzügige Spende des Kaisers ging die ehemals größte Glocke des Doms als Kaiserglocke in die Geschichte ein.

Der Glocke mit dem rühmlichen Namen war indes kein langes Leben beschert. Bereits im Jahr 1918 wurde sie zur Gewinnung von kriegsrelevantem Material im Südturm zerlegt und abtransportiert.

An ihre Stelle rückte „d'r decke Pitter", die Petersglocke, mit rund 24 Tonnen Gewicht. Doch 103 Jahre später sollte sie das gleiche Schicksal ereilen wie ihre Vorgängerin: Am Dreikönigstag 2011 verlor die Petersglocke ebenfalls ihren 800 Kilogramm schweren Klöppel, der in zwei Teile zerbrach. Wie 100 Jahre zuvor kam auch diesmal niemand zu Schaden. Geschichte wiederholt sich.

*Manuela Klaas*

.................................................

## So geht's zum Klöppel:

*Er steht in einer Nische links neben dem Südportal des Doms.*

# 35

# Figurengruppe
## Der Kölner neue Kleider

D er Kaiser gefällt sich: Er dreht und wendet sich vor seinem Spiegel, betrachtet die schönen Kleider, die er am Leibe trägt. Doch jene, die sich aus der Eitelkeit des Kaisers einen Vorteil erhoffen, warten schon! Sie erzählen dem gekrönten Haupt, dass sie ihm die prachtvollsten Kleider überhaupt herstellen könnten.

Kommt Ihnen bekannt vor? Kein Wunder, schließlich ist das der Anfang des 1837 erschienenen Märchens: Des Kaisers neue Kleider, von Hans Christian Andersen (1805-1875). „Und wir haben in Köln eine Darstellung dieses Märchens", sagt Stadtführer Jo Firmenich stolz. Er steht vor einer Figurengruppe, die sich oberhalb des Erdgeschosses an einer Jugendstilfassade befindet und sagt: „Passenderweise ist hier ein Bekleidungsgeschäft beheimatet." Und auch zur Bauzeit des Hauses im 19. Jahrhundert seien in diesem Gebäude Kleider verkauft worden. Das weiß Jo Firmenich durch Recherchen, aber auch dank Erzählungen seiner Familie, die immerhin seit dem 14. Jahrhundert in Köln zu Hause ist. „Vermutlich war die Figurengruppe eine Art Werbeschild, das aussagen sollte: Die Kleider, die man hier kauft, kann man sehen." Natürlich kann man Kleider sehen, mag der geneigte Leser jetzt denken. Doch im Märchen kann man die Kleider eben nicht sehen. Es gibt sie gar nicht: Die Betrüger wollen dem eitlen Kaiser weismachen, die Kleider seien nur für Menschen sichtbar, die nicht „unverzeihlich dumm" und ihres Amtes würdig seien.

Der Kaiser im Märchen findet die Idee prima: Diese Kleider muss er haben, denn „wenn ich solche hätte, könnte ich ja dahinterkommen, welche Männer in meinem Reiche zu dem Amte, das sie haben, nicht taugen, ich könnte die Klugen von den Dummen unterscheiden!" Tatsächlich aber weben die Männer gar keine Kleider, sondern tun nur so. Der Kaiser schickt seinen treuesten Minister in die Werkstätten, der sie freilich nicht sehen kann. „Herr Gott, dachte er, sollte ich dumm

*Das Märchen „Des Kaisers neue Kleider" ist in Köln an einer Hausfassade in der Brückenstraße dargestellt.*

sein? Das habe ich nie geglaubt, und das darf kein Mensch wissen!" Und genau so geht es auch dem Kaiser: Als er mit seinem Gefolge die Werkstätte betritt, ist er entsetzt, weil er nur leere Webstühle sieht. Das aber hätte er nie zugeben können. Es hätte ja bedeutet, dass er dumm und nicht in der Lage sei, sein Amt zu führen. Also lobt er die Stoffe ganz ausdrücklich, und sein Gefolge, das die Reaktion des Kaisers bemerkt, traut sich aus den gleichen Gründen nicht anzumerken, dass nichts zu sehen ist. Und beim folgenden Festzug loben alle die prachtvollen Kleider. Bis ein Kind die Wahrheit sagt und ruft: „Aber er hat ja gar nichts an!" Der Ruf verbreitet sich in Windeseile, bis schließlich das ganze Volk ruft: „Aber er hat ja gar nichts an." Diese Kunde ereilt auch den Kaiser, aber er denkt bei sich: ,Nun muss ich aushalten.' „Und die Kammerherren gingen und trugen die Schleppe, die gar nicht da war", heißt es im Märchen.

„Ich finde es sehr schön und sehr passend, dass diese Figuren sich hier befinden", sagt Firmenich. „Nicht nur wegen des Bekleidungsgeschäfts, sondern es ermutigt einen, nicht alles zu glauben, kritisch zu sein. Sich nicht blenden zu lassen. Dem eigenen Urteil zu vertrauen." Eine stille Mahnung. Einfach so. Im Vorübergehen.

*Eva-Maria Bast*

## So geht's zur Figurengruppe:

*Sie befindet sich an der Fassade des Hauses Brückenstraße 17.*

*Gloria Dulich zeigt vom Fenster des Brauhauses Sünner im Walfisch auf einen grimmig dreinschauenden Grinkopf mit spitzen Zähnen. Die Studentin nennt die steinernen Fratzen liebevoll „kleine Monster".*

36

# Grinköpfe

## Dekorative Masken mit eisernen Zähnen

S ie muten seltsam an, die steinernen Fratzen, die an einigen Hauswänden im Martinsviertel prangen. Gloria Dulich fielen sie bei einem abendlichen Bummel durch die Altstadt auf. „Ich fragte mich, was die gruseligen Köpfe, die keinen Unterkiefer, dafür aber walrossartige Stoßzähne haben, für einen Zweck erfüllen", sagt die Kölner Studentin. „Also begann ich zu recherchieren."

Dabei fand sie heraus, dass es sich bei den grotesken Masken um Grinköpfe, Jrinköppe wie der Kölner sagt, handelt. „Sie wurden oberhalb der Schlusssteine über den Hauseingängen angebracht und dienten als Widerlager, um schwere Lasten in den Keller zu hieven."

*Der Kranbalken am Delfer Haus, von unten gesehen.*

Dazu wurde zwischen die spitz zulaufenden Zähne eine Eisenstange geführt, die vertikal vom Boden bis unter den steinernen Kopf reichte. Hinter der Fratze befand sich ein Loch in der Hauswand, in das die Stange gesteckt wurde. Über diese legte man ein starkes Seil und konstruierte so einen einfachen Flaschenzug. Am Boden, direkt unter den Köpfen, waren mit Holzplanken bedeckte Löcher, die in die Kellerlager hinab führten. Mit Hilfe des Seils wurden die Waren durch diese Öffnungen in die unterirdischen Lager herabgelassen.

„Die ersten Grinköpfe gab es schon zu Beginn des 13. Jahrhunderts", weiß die Studentin zu berichten. „Sie waren etwa 30 mal 30 Zentimeter groß, eher flach geformt und ragten nicht allzu stark von der Hauswand hervor. Drei nach oben weisende Spitzen fungierten als Haare. Ende des 15., Anfang des 16. Jahrhunderts änderte sich die Form der Köpfe: Nun wurden sie breiter und tiefer gearbeitet, wirkten dadurch plastischer und hoben sich stärker von den Wänden hervor." Ein solch späteres Exemplar hängt noch am Brauhaus Sünner im Walfisch.

„Neben den Grinköpfen, die ihren Namen von den grienenden Mäulern hatten, gab es auch die Kranbalken, die im rechten Winkel über die Fassade der Häuser hinausragten", berichtet Gloria Dulich. „Im 16. Jahrhundert waren solche Holzbalken an nahezu jedem Haus in der Altstadt angebracht. Sie dienten der Einlagerung von schweren Lasten unterm Dach, wie beispielsweise von Mehlsäcken. Das war nahe des Rheins, in der hochwassergefährdeten Zone, eine gängige Alternative zur Kellerlagerung."

Meist war der „Kranen" reich verziert, heute sieht man einen solchen Balken noch in Form eines Mischwesens – halb Mensch, halb

Fisch – am Delfer Haus am Buttermarkt. Mitten im Schlund des Fisches befindet sich das Loch für die Eisenstange. Über den Balken führte ebenfalls ein starkes Tau durch das Giebelfenster zu einer Winde auf dem Dachboden.

„Beides, Grinköpfe und Kranbalken, erinnern an das ehemals reiche Kaufmannsviertel. Während man Grinköpfe nur im Kölner und Trierer Raum findet, gab es Kranbalken-konstruktionen auch in Norddeutschland und Holland", berichtet die Studentin.

*„Neben den Grinköpfen, die ihren Namen von den grienenden Mäulern hatten, gab es auch die Kranbalken, die im rechten Winkel über die Fassade der Häuser hinausragten."*

„Leider gibt es heute nur noch wenige Exemplare, sowohl von den Grinköpfen als auch von den Kranbalken." Die meisten der dekorativen und nützlichen Helfer fielen der Bombardierung im Zweiten Weltkrieg zum Opfer. Manchmal fand man nach Kriegsende in den Trümmern aber doch noch die eine oder andere grienende Fratze.

*Manuela Klaas*

.....................................................................................................

## *So geht's zu den Grinköpfen (und Kranbalken):*

*Steinerne Köpfe findet man heute noch am Brauhaus Sünner im Walfisch in der Salzgasse 13, an der Seitenfassade des Brauhauses Gilden im Zims, Heumarkt 77, sowie am Buttermarkt 35, in der Markmannsgasse 13 und an der Ecke Auf dem Rothenburg und Lintgasse 22-26. Kranbalken gibt es am Delfer Haus am Buttermarkt 42 und am Fischmarkt 7. Die Häuser stehen alle im Martinsviertel.*

# Tür

## Schutz – aber nur für 2.366 Menschen

D ie Tür wirkt unscheinbar. Auf dem Weg zu oder von der U-Bahn eilen täglich unzählige Menschen an ihr vorbei, ohne sie zu bemerken. „Und wenn man die Tür vielleicht doch beachtet, dann ahnt man nicht, dass sich hinter ihr ein riesiger ABC-Bunker aus dem Kalten Krieg befindet, der bei Angriffen mit Atom-, Bio und Chemiewaffen Sicherheit bieten sollte", sagt Robert Baumanns, Redakteur beim Express, der die Geschichte dieser Tür recherchiert hat.

Nach dem Zweiten Weltkrieg rangen die Supermächte USA und Sowjetunion um die Vorherrschaft. Beide verfügten über ein militärisches Bündnissystem, dessen Führungsmacht sie jeweils waren. Die NATO (North Atlantic Treaty Organization, gegründet 1949) aufseiten des Westens und der Warschauer Pakt (gegründet 1955 nach dem NATO-Beitritt der Bundesrepublik Deutschland) auf der Seite des Ostblocks. Dann nahmen die Bemühungen um Entspannung der politischen Lage ein jähes Ende. Der NATO-Doppelbeschluss von 1979 wurde gefasst, der eine Aufrüstung im Bereich der Mittelstreckenraketen (Pershing II) vorsah. Der Doppelbeschluss strebte Verhandlungen mit der Sowjetunion an: Diese sollte ihre Mittelstreckenraketen deutlich begrenzen. Sollte die sowjetische Seite nicht zustimmen, würden die USA mit atomaren Mittelstreckenraketen aufrüsten. Bis Ende 1983 kam es jedoch zu keiner Einigung, sodass die NATO letztendlich ihre Pershing-II Raketen aufstellte.

> *„Und wenn man die Tür vielleicht doch beachtet, dann ahnt man nicht, dass sich hinter ihr ein riesiger Bunker aus dem Kalten Krieg befindet."*

Im Westen war man hochnervös, vielerorts entstanden Bunker. Auch in Köln. Im Falle eines Atomangriffs wären die Tore der kompletten Haltestelle verschlossen und der gesamte Bereich zu einem

---

*Journalist Robert Baumanns hat das Geheimnis dieser Tür recherchiert.*

*Hinter dieser Tür verbirgt sich ein Überbleibsel aus dem Kalten Krieg.*

Bunker geworden. Doch nur 2.366 Menschen hätten in der U-Bahn-Station „Kalk Post" Schutz gefunden, wenn Atombomben auf Köln gefallen wären. Zwei Wochen lang wären sie hier versorgt worden – denn der Bunker war mit vielem ausgerüstet, was man zum täglichen Überleben braucht. Baumanns zählt auf: Es gab einen medizinischen Bereich, eine Trinkwasserversorgung, sogar eine Operation wäre hier möglich gewesen. Außerdem hatte der Bunker eine Telefon- und Kommunikationszentrale, die mit den Highlights der in den 1980er-Jahren verfügbaren Technik ausgestattet war. Geschlafen hätten die Menschen auf Feldbetten und in Straßenbahnzügen, die im abgeriegelten Tunnel standen.

Und nach Ablauf der zwei Wochen? Hätten sie wieder hinausgemusst in eine andere, in eine verstrahlte Welt. Eine beängstigende Vorstellung.

Der Bereich, der hinter der Tür beginnt, beherbergt dieses Versorgungszentrum, das von dicken Betonwänden umgeben ist. Es ist übrigens der größte Bunker seiner Art in Köln. 2005 wurde er außer Dienst gestellt.

*Eva-Maria Bast*

### So geht's zur Tür:

*Sie befindet sich in der U-Bahn-Haltestelle „Kalk Post" auf der Zwischenetage.*

Überall an den Figuren am Dom finden sich kleine
Spuren aus der Vergangenheit.

# 38

# Domfiguren
## Ein Staubkorn Wahrheit

W urden Sie schon mal aufgefordert, Ihren Staub in einen
Briefumschlag zu stecken und zu verschicken? Nicht?
Dann ist Ihr Staub nicht interessant genug. Denn wäre
Ihr Staub von Interesse, hätten Sie sicherlich schon Post
von Wolfgang Stöcker bekommen, Gründer des Deutschen Staub-
archivs mit Sitz in Köln.

Klingt skurril, ist aber vor allem sehr interessant. Außerordentlich
spannend findet der Kölner Historiker den Staub des Kölner Doms.
Aus den Figuren oberhalb des Hauptportals entnahm er zum Beispiel
Staubproben. So wie von vielen anderen Stellen des Doms. Wolfgang
Stöckers Staubsammelleidenschaft beginnt schon in seiner Kindheit.
„Einerseits habe ich früher immer im Garten gebuddelt und nach
Überresten der Römer gesucht, andererseits hat meine Oma Zucker-

*Wolfgang Stöcker ist ein Staubarchivar. Auch aus dem Dom hat er viel Staub entnommen – und interessante Entdeckungen gemacht.*

tütchen gesammelt, also die, die man in den Restaurants bekommt. Und die habe ich dann geerbt. Sie haben den Grundstein gelegt. Sammeln war mir vertraut. Als Historiker und Künstler überlegte ich, was man denn noch sammeln könnte. Da kam mir die Idee mit dem Staub", sagt er und fährt fort: „Das hat auch eine naturwissenschaftliche Komponente. Wenn Sie sich mit einem Biologen, Physiker oder Chemiker unterhalten, findet dieser es überhaupt nicht abstrus, sich mit Staub zu beschäftigen."

Wolfgang Stöcker fing also an, Staub zu sammeln und landete schnell beim Dom: Mit einer Erlaubnis und einem Pinsel ausgestattet entnahm er an verschiedenen Wandstellen Staub und gab selbigen in kleine Plastiktütchen. Das Faszinierende: „Ich fand im Dom fossile Korallen aus der Sahara. Der Dom ist voll mit Fossilien, der Saharastaub weht bis nach Skandinavien hoch", erklärt er und fährt fort: „So ein Dom steht wie ein Windfang, wie ein Kamm im Staubgebläse, und da bleiben die Partikel natürlich hängen und lagern sich ab." Daher fänden sich im Dom Partikel prähistorischer Lebewesen, mikroskopisch klein. „Der Dom ist voller Korallenstäube eines mittlerweile zur Wüste gewordenen prähistorischen Meeres." Auch einen winzigen Schmetterlingsflügel hat der Historiker im Dom gefunden. Und Kohlestoffteilchen. „Stammten sie von einem Altarbrand? Oder von über 500 Jahre alten Kerzen? Sind es Brandspuren aus dem Krieg?", fragt er und ergänzt: „Der Altar, in dem ich den Rußpartikel fand, stand unter einem Fenster, das im Krieg zerbombt wurde, da kann alles Mögliche vorhanden sein. Aber es ist eine faszinierende Vorstellung: Da wehte ein Feuersturm durch die Stadt und man findet Jahrzehnte später tief im Altar einen Staubkrümel mit Kohlenstoff." Nicht nur aus dem Dom, aus der ganzen Welt hat Wolfgang Stöcker inzwischen Staub gesammelt. Er lässt ihn sich schicken. „Vor ein paar Monaten erreichte mich Staub aus den USA, aus einem Museum. Dort stand ein Flügel, auf dem die Schwester von Edgar Allan Poe nachweislich Klavier gespielt hatte. Das ist schon skurril: Ich schreibe einen Brief, und dann zieht in den USA jemand los, um für mich Staub einzutüten." Staub besitzt Stöcker auch von einer Papstmesse in Rom. Selbigen zu bekommen war aber nicht so einfach: „Man darf in der Messe gar nicht rumhantieren, da stehen diese Aufpasser. Die Dame, die für mich sammelte, wurde streng beäugt."

*„Das hat auch eine naturwissenschaftliche Komponente. Wenn Sie sich mit einem Biologen, Physiker oder Chemiker unterhalten, findet dieser es überhaupt nicht abstrus, sich mit Staub zu beschäftigen."*

Die Staubentwicklung im Dom erklärt er so: „Wenn die Menschen den Dom betreten, erzeugen sie Mikrowinde. Die Partikel, die sie an ihrer Kleidung von draußen hineinbringen, fliegen nach oben, fallen dann wieder herunter und setzen sich auf den Figuren ab." Teilweise werden mit dem Staub kleinste Steinchen in die Höhe gewirbelt. Stürzen diese Mikropartikel dann zu Boden, splittern noch kleinere Stückchen davon ab. In der Naturwissenschaft nennt man diese Bewegung Saltation.

Das ist das stille Innenleben dieses Bauwerks, das keiner mitbekommt. Der Makro- im Mikrokosmos. Die Geschichte von Jahrhunderten. Erzählt in einem Staubkorn.

*Eva-Maria Bast*

......................................................

### *So geht's zu den Domfiguren:*

*Sie befinden sich über dem Haupteingang des Doms.*

# 39

# Hausnummer

## Unterstützung für Steuereintreiber

So ordentlich zu sein, dass alles durchnummeriert ist, das passt irgendwie nicht in die Stadt, in der alle Leute immer ein Lachen auf den Lippen haben und die Dinge sehr locker nehmen. Hier lässt man gerne mal Fünfe gerade sein! Und doch befindet sich in Köln am Dom, vollkommen untypisch für eine Kathedrale, eine Hausnummer. Schmuck und weiß auf blauem Grund, wie sich das gehört.

Historikerin Christine Schauerte weiß, dass das nicht die erste Hausnummer ist, die das Gotteshaus führt – und dass die darauf stehende Adresse *Domkloster* nicht die erste ist. „Ihren Ursprung hat die Nummerierung des Doms in der Franzosenzeit. So will es zumindest die Legende, tatsächlich begann sie schon kurz zuvor." In manchen Quellen steht zwar, die Franzosen hätten die Hausnummern höchstselbst angebracht. Das Historische Archiv berichtet aber in einem Artikel, dass die Stadt Köln einer Kostenaufstellung zufolge bereits 1760/61 genau 5300 Hausnummern aus Blech anfertigen ließ: „Die Häuser waren jeweils in den acht mit A – H bezeichneten Kolonelschaften, in die die Stadt seit 1583 eingeteilt war, durchnummeriert." 1782 habe der Rat erneut eine Nummerierung beschlossen, „mit deren Durchführung die Wachtkommission beauftragt wurde". Vorgesehen war, dass die Bürger die Nummern mit Ölfarbe an die Häuser malen sollten. Ob diese Nummerierung dann auch ausgeführt wurde, ist unklar. Ein weiterer Anlauf sollte unternommen werden, doch „erst als die Franzosen 1794 kurz vor Köln standen, sah der Rat höchste Eile geboten. (...) Drei Tage vor dem Einmarsch schlug die Wachtkommission am 3. Oktober 1794 vor, die gebotenen Gegenmaßnahmen auf der Grundlage der Häusernummerierung zu organisieren".

Die Wachtkommission zählte nun die Häuser in der Reihenfolge der Kolonelschaften durch. Am 6. Oktober 1794 marschierten rund

---

*Der Dom hat eine Hausnummer! Und Christine Schauerte weiß auch, warum.*

12.000 revolutionäre französische Soldaten ein, die in Kölner Häusern einquartiert wurden. Die Stadt ergab sich kampflos. „Am 20. Oktober notierte der Ratsverwandte Gottfried von Gall in seinem Tagebuch, daß man mit der vor acht Tagen begonnenen Nummerierung und Litterierung der Häuser fortfahre, und Heinrich Joseph Metternich, der Verleger des ältesten Kölner Adressbuches von 1795, spricht in seiner am 1. Dezember 1794 vom Rat behandelten Eingabe davon, die Nummerierung sei inzwischen erfolgt", schreibt das Historische Archiv.

So entstand auch die wohl berühmteste Hausnummer der Welt, die Nummer 4711 in der Glockengasse. Und der Kölner Dom wurde mit der Nummer 2583½ versehen. „Die ½ sollte zeigen, dass der Dom von Steuerabgaben befreit war", erzählt Christine Schauerte. „Denn die Nummerierung der Häuser diente vor allem dem Zweck, dass die darin lebenden Menschen für Steuerabgaben besser erfasst werden konnten." Was vielen überhaupt keineswegs passte – nicht nur in Köln. Auch andernorts gab es manch einen Bürger, der sich gegen die Anbringung einer Hausnummer wehrte, sie zerkratzte oder bespuckte, weil es ihm nicht gefiel, dass der staatliche Zugriff auf die Bürger dieserart erleichtert werden sollte. Nicht nur Steuereintreiber profitierten von dem geordneten System, sondern auch Polizei und Rekrutierungsdienste.

Sollte sich der Küster des Doms gefreut haben, weil er hoffte, durch die ½ an dem Gotteshaus von den Steuern befreit zu sein, freute er sich zu früh. Denn die Kölner nahmen es ziemlich genau: Der Nordturm, in dem sich auch die winzig kleine Küsterwohnung befand, erhielt die Nummer 2583, der Küster musste zahlen.

*Manchmal braucht offensichtlich auch ein Gotteshaus eine Hausnummer.*

Den Ursprung der Legende, nach der die Franzosen die Hausnummern eingeführt hätten, sieht das Kölner Archiv in einem Vorwort des Adressbuchs von 1813. Darin schreibt der Verleger Theodor Franz Thiriart (1770-1827), „vor Ankunft der Franzosen habe es in Köln keine Hausnummerierung gegeben".

Das war 1813, bereits 1811 hatte man sich in Köln von der durchgehenden Nummerierung verabschiedet und sich für eine Aufteilung in Straßen entschieden. Auch der Dom wurde nicht vergessen und erhielt die klangvolle Adresse „Auf der Litsch 2", wobei „Litsche" auf Kölsch so viel bedeutet wie „Abrutsch". Das war durchaus passend, da sich auf der Westseite des Doms eine derart abschüssige Gasse befand, dass man hier Gefahr laufen konnte, abzurutschen. Anfang des 19. Jahrhunderts verschwand die „Litsche" wie viele Häuser und Gässchen rund um den Dom, der nun die Adresse „Domkloster 4" erhielt. Man wollte das Prachtwerk freigestellt bewundern.

*„Die ½ sollte zeigen, dass der Dom von Steuerabgaben befreit war."*

Das fand übrigens auch der Dichter Johann Wolfgang von Goethe (1749-1832) ganz prima, es begeisterte ihn, dass die Kölner, „eine große Summe zum Ankauf von Häusern" zusammengetragen haben, „welche niedergerissen wurden, um dem Gebäude einen weitern, offenern Zugang zu verschaffen".

*Eva-Maria Bast*

## *So geht's zur Hausnummer:*

*Sie befindet sich rechts neben dem Hauptportal des Doms.*

# 40

# Pflastersteine

## Zeugnis einer verschwundenen Straße

A lte Pflastersteine, die aus einer schon reichlich geflickten
Teerdecke hervorlugen, einige alte Bordsteine aus Basalt:
Was genau hat es mit diesem merkwürdigen Ensemble
neben den Gebäuden des Departments für Chemie der
Universität auf sich? Stadtführer Bruno Knopp hat darauf eine Antwort: „Dort, wo die Blaukopf-Basaltpflasterung schräg versetzt
abzweigt, begann die ehemalige Ämilianstraße. Sie traf an dieser Stelle
auf die Berrenrather Straße." Auf alten Stadtplänen ist die Ämilianstraße noch eingezeichnet. Bis in die 1960er-Jahre verband sie mit
ihren groben Pflastersteinen die Luxemburger mit der Berrenrather
Straße.

Als zwischen 1968 und 1975 die Chemischen Institute errichtet
wurden, musste die Ämilianstraße und auch ein Stück der Berrenrather Straße weichen. Einige der alten Steine wurden überteert, der
Rest der Ämilianstraße abgetragen. Heute endet die Berrenrather
Straße bereits an der Universitätsstraße, die Ämilianstraße verschwand
ganz aus dem Stadtbild.

„Die Ämilianstraße, deren Anfang man an den noch vorhandenen
Pflastersteinen ausmachen kann, führte genau über das Gelände, auf
dem heute das Department für Chemie steht", berichtet Bruno Knopp.
Der diplomierte Geograph weiß auch, nach wem die in Vergessenheit
geratene Straße benannt war: „Ihr Namensgeber war Abt Aemilian
Elberz, zum Ende des 18. Jahrhunderts Abt von St. Pantaleon, einer
der zwölf großen romanischen Basiliken in der Altstadt Kölns."

„Generell bewirken befestigte Kanten, wie sie sich auch neben den
Pflastersteinen finden, Begrenzungen in unseren Köpfen", spinnt der
Stadtführer den Faden weiter. „Sie trennen Dinge – wie den Autover-
kehr vom Fußgängerweg. Bordsteinkanten gab es schon zu Römerzeiten. Doch die alten Begrenzungssysteme, die wir noch alle als Normie-
rung im Kopf haben, verschwinden heute zunehmend."

*Bruno Knopp zeigt auf die Stelle, an der die Ämilianstraße*
*auf die Berrenrather Straße traf.*

Seit den 1990er-Jahren gibt es Bestrebungen, den öffentlichen Raum neu zu strukturieren. Das in den Niederlanden entwickelte Planungsmodell „Shared space", zu Deutsch: „gemischter Raum", verzichtet ganz auf Bordsteine und Abgrenzungen. Stattdessen wird der Straßenraum durch verschiedene Pflasterungen unterteilt. Die strengen Grenzen eines genormten Daseins lösen sich auf. Verkehrsteilnehmer agieren gleichberechtigt, wobei weiterhin die Vorfahrtsregel gilt.

*„Dort, wo die Blaukopf-Basaltpflasterung schräg versetzt abzweigt, begann die ehemalige Ämilianstraße. Sie traf an dieser Stelle auf die Berrenrather Straße."*

Kölns Stadtbild hat sich in der Vergangenheit stark verändert. Einige Straßenzüge fielen nach dem Zweiten Weltkrieg der Modernisierung zum Opfer. Auch wenn die Ämilianstraße heute auf keinem Stadtplan mehr verzeichnet ist: Die alten Pflastersteine sorgen dafür, dass man sich an sie erinnert.

*Manuela Klaas*

......................................................

### So geht's zu den Pflastersteinen:

*Die alten Pflastersteine der Ämilianstraße findet man an der Greinstraße 6, zwischen den Gebäuden des Departments für Chemie und dem Kölner Studierendenwerk.*

*Konrad Adenauer entziffert die Inschrift.*

41

# Tafel

## Tod einer Hochzeitsgesellschaft

Sie kamen zusammen, um zu feiern. Die Liebe zu feiern, wo um sie herum doch nur Leid war. Am Ende der Feier waren alle tot.

An das tragische Ereignis erinnert ein Gedenkstein, der direkt vor der Kapelle auf dem Melaten-Friedhof liegt. „Hier starben mehr als 100 Teilnehmer einer Hochzeitsgesellschaft", sagt Konrad Adenauer, Enkel des einstigen Bundeskanzlers, der sich auf Melaten bestens auskennt. „Sie wurden 1944 hier im Bunker Opfer eines Bombenangriffs." In einer Gaststätte an der Aachener Straße feierten die Hochzeitsgäste an jenem 30. Oktober 1944, als genau um 20.37 Uhr

*Die Gedenkplatte erinnert an ein tragisches Ereignis.*

der Alarm losging – der Beginn einer grauenhaften Nacht: Von den insgesamt 262 Angriffen, die die Alliierten während des Zweiten Weltkriegs über Köln flogen, war dieser der schwerste. 4.000 Spreng- und 200.000 Brandbomben warfen die rund 1.000 Flugzeuge über der Stadt ab. Sie beschädigten an die 5.000 Wohnhäuser, zerstörten das Universitätsviertel, trafen das Dreifaltigkeitskrankenhaus, töteten 544 Menschen – darunter auch mehr als 100, die Teil jener Hochzeitsgesellschaft waren.

Das Brautpaar und seine Gäste flüchteten zu Beginn des Fliegeralarms auf Melaten. Sie wussten: Direkt neben der Kapelle findet sich der Zugang zu einem Tiefbunker. „Doch eine Bombe traf genau den Eingang des Bunkers", erzählt Konrad Adenauer die tragische Geschichte weiter. „Die Druckwelle muss enorm gewesen sein, sie erfasste genau den Tunnel, das konnte kein Mensch überleben."

Der Enkel des einstigen Bundeskanzlers fährt fort: „Ich bin froh, dass es diese Gedenkplatte noch gibt. Denn sonst wäre die ganze schlimme Geschichte in Vergessenheit geraten." Zu verdanken ist der Erinnerungsort dem damaligen wissenschaftlichen Mitarbeiter im Büro des Stadtkonservators, Johannes Ralf Beines, der die Platte 1994 zum 50. Jahrestag legen ließ. Adenauer sagt: „Ansonsten ist nichts über diese Hochzeitsgesellschaft bekannt, kaum jemand weiß, dass es dieses Unglück in dieser schlimmen, schicksalshaften Nacht überhaupt gab."

Auch nicht die Namen der Braut und des Bräutigams sind überliefert.

*Eva-Maria Bast*

...........................................

*So geht's zur Tafel:*

*Sie befindet sich zwischen der Kapelle auf dem Melaten-Friedhof und der Mauer an der Aachener Straße.*

*In Natura sind sie schwer zu erkennen: Günter Schwanenberg kniet neben einem im Pflaster eingelassenen Krebs. Zur Verdeutlichung wurde das Exemplar auf dem Bild nachträglich hervorgehoben.*

**42**

# Krebse

## Ein Kribbeln und Krabbeln in den Töpfen

Man muss schon sehr genau hinsehen, um sie zu entdecken, dabei sind sie riesig: die vier gepflasterten Krebse in der Krebsgasse. Im Laufe der vergangenen Jahrzehnte, in denen man nun schon über die gestrandeten Meeresbewohner hinwegläuft, ist die Farbe des ursprünglichen Steins verblasst. Und so fristen sie heute ein eher unscheinbares Dasein im Pflaster der kurzen Fußgängerzone.

„Als das Mosaik frisch verlegt war, hatte es eine wesentlich dunklere Farbe. Man konnte es leicht von den umgebenden Steinen unterscheiden", erzählt Stadtführer Günter Schwanenberg. „Heute ist der Farbunterschied nur noch minimal. Im Laufe der Zeit ist das Betonpflaster durch Sonneneinstrahlung und Witterung sowie die tägliche Beanspruchung verblasst. Aber man kann die Scherentiere dennoch anhand der Steingröße erkennen." In der Tat! Dass im Pflaster zwei verschiedene Abmessungen von Steinen verlegt wurden, erschließt sich erst auf den zweiten Blick: Die länglichen, nur halb so breiten Steine markieren die Krebse.

*Nach dem Abzug der Franzosen erhielt die kleine Straße ihre deutsche Bezeichnung Krebsgasse zurück.*

„Das Betonpflaster wurde 1984 verlegt", berichtet Georg Tkotz vom Amt für Straßen und Verkehrstechnik. Tkotz war damals zuständiger Bauleiter und erinnert sich noch gut an die anthrazitfarbenen Steine der Krebse, während das umgebende Pflaster einen ziegelroten Farbton hatte.

Seit Rückübersetzung der französischen Straßennamen ins Deutsche trägt die kleine Straße, die unter französischer Herrschaft „Rue de l'écrevisse" hieß, wieder den Namen Krebsgasse. „Die Krebse gehen auf eine alte Kölner Sage zurück", berichtet Günter Schwanenberg. „Diese handelt von einem reichen und protzigen Kölner Kaufmann, der die Hochzeit für seine einzige Tochter in maßlosem Prunk ausrichtete." Die Legende erzählt die Geschichte eines Mannes namens Diepold, der aus dem belgischen Antwerpen stammte. Der Kaufmann ließ sich im Mittelalter, als Köln einer der bedeutendsten Handelsumschlagsorte Deutschlands war, in der Stadt nieder. Seinen Reichtum erwarb er nicht ausschließlich auf legale Weise: Meist klebten Blut und Tränen an seinem Geld. Zum Hochzeitsfest servierte der Brautvater ein verschwenderisches Mahl, das er aus allen Teilen der Welt unter immensen Kosten zusammentragen ließ. Mitten in die Feierlichkeiten platzte ein schwarzgekleideter Mönch, der gegenüber dem Kaufmann eine Todesdrohung sowie die Prophezeiung seiner baldigen Armut aussprach. Worauf der Kaufmann unerschrocken entgegnete: „Ehe meine Habe zugrunde geht, kriechen die gesottenen Krebse aus den Schüsseln über die Straße." Daraufhin soll der Blitz ins Haus eingeschlagen haben. In den Töpfen erhob sich ein Kribbeln und Krabbeln, und die rot gekochten Krebse liefen über die festlich gedeckten Tische in Richtung Straße. Das Haus mit allem Hab und Gut des Kaufmanns fiel einem durch den Blitzeinschlag ausgelösten Brand zum Opfer. Fortan lebte der einst so verschwenderische Mann in ärmsten Verhältnissen. Letztendlich starb er als reuig Bekehrter.

*„Als das Mosaik frisch verlegt war, hatte es eine wesentlich dunklere Farbe. Man konnte es leicht von den umgebenden Steinen unterscheiden."*

„In gewisser Weise ist dies die Geschichte des Jedermann", konstatiert Günter Schwanenberg. „Das Spiel vom Sterben des reichen Mannes, das auch der Dramatiker Hugo von Hoffmannsthal in seinem Theaterstück thematisierte."

Durch das verlegte Mosaik lebt die alte Sage noch einmal auf. Zumindest, wenn man genau hinsieht.

*Manuela Klaas*

### So geht's zu den Krebsen:

*Biegt man vom Neumarkt kommend in die Schildergasse ein, zweigt die Krebsgasse gleich als erste Straße links ab. In der gepflasterten Zone zwischen Schildergasse und Theaterparkhaus befinden sich die vier als Mosaik in den Boden eingelassenen Krebse. Tipp: Blickt man vom Parkhaus hinab auf die Steine, lassen sich die Tiere etwas besser erkennen.*

# Fastnachtsbrunnen

## Der jecke Goethe

Sieht man sich die Inschrift am Rand des Brunnens auf dem Gülichplatz etwas genauer an, ist leicht zu erkennen, dass es sich um Zeilen aus einem Gedicht von Johann Wolfgang von Goethe (1749-1832) handelt. Der Name des Dichters und auch der Titel des Werks sind vermerkt: *Löblich wird ein tolles Streben, wenn es kurz ist und mit Sinn – Heiterkeit im Erdenleben sey dem flücht'gen Rausch Gewinn – Joh. Wolfgang von Goethe – Der Kölner Mummenschanz – Fastnacht – 1825.* Doch was haben Zeilen aus einem Gedicht des großen deutschen Dichterfürsten an einem Brunnen zu suchen? Zumal es sich bei dem bronzenen Kunstwerk um einen Fastnachtsbrunnen – oder wie man in Köln so schön sagt, den Fastelovendsbrunnen – handelt? Immerhin schuf Goethe bedeutende literarische Kunstwerke und ergoss sich Zeit seines Lebens in weisen Erkenntnissen.

„Dies widerspricht keineswegs dem im Brunnen verewigten Zitat aus dem Jahr 1825", konstatiert Stadtführerin Petra Lentes-Meyer. Sie kennt das ganze Gedicht, aus dem diese Worte stammen, und weiß um die Geschichte hinter den Zeilen: „Goethe bündelte in seinen Versen das Streben des gehobenen Bürgertums, den Fastelovend in geordnete Bahnen zu lenken. Das bunte und närrische Treiben sollte nicht ausufern und am Aschermittwoch wieder vorbei sein."

Der Dichterfürst zeigte sich gegenüber der 5. Jahreszeit durchaus aufgeschlossen. Schon 1788 erlebte er den Karneval in den Straßen Roms und beschrieb ihn in Kapitel 84 seiner „Italienischen Reise" als ein Fest, „das dem Volke eigentlich nicht gegeben wird, sondern das sich das Volk selbst gibt".

Der Kölner Karneval, wie er noch heute gefeiert wird, geht auf die Gründung eines „Festordnenden Comitees" im Jahre 1823 zurück. Einige Jahrzehnte zuvor war das ausgelassene Treiben unter napoleonischer Besatzung (1794-1813) zunächst strikt untersagt

*Petra Lentes-Meyer kennt die Geschichte, die hinter der Inschrift am Fastnachtsbrunnen steckt.*

worden. Doch schon zur Jahrhundertwende wurde das Verbot wieder aufgehoben.

Als der Karneval ab 1815 unter preußischer Herrschaft erneut auflebte, geriet das tolle Treiben außer Rand und Band – das einfache Volk gab sich rüpelhaft und ausschweifend. Was fehlte, waren klare Regeln, da die Träger des ehemals christlichen Festes – Kirche, Patrizier und Zünfte – ihren Einfluss verloren hatten. Dank eines kleinen Kreises angesehener Kölner Bürger, die dem „Festordnenden Comitee" vorstanden, erfuhr das zügellose Gebaren 1823 eine neue Ordnung. So wurde aus den Reihen des Komitees eine Herrscherfigur, der „Held Carneval", bestimmt, der die Narren von nun an regieren sollte. Er ist der Vorläufer des heutigen „Prinz Karneval". Mit dem Motto „Thronbesteigung des Helden Carneval" zog am 10. Februar 1823 erstmals ein Maskenzug über den Neumarkt. Aus ihm ging später der durch die Innenstadt rollende Rosenmontagszug hervor.

*Die Zeilen des Goethe-Gedichts werden von den Figuren der „helligen Knäächte un Mägde" umrahmt.*

Bereits 1824 bescheinigte Johann Wolfgang von Goethe den Kölnern in einer Abhandlung „Ueber Kunst und Alterthum" einen Humor, „den man geistreich, frey, sinnig und gemäßigt nennen kann". Ein Jahr später, im Januar 1825, wurde Goethe offiziell vom ersten Präsidenten des Komitees, Heinrich von Wittgenstein (1797-1869), zum Karnevalsfest eingeladen. Die Einladung war mit der Bitte verknüpft, der berühmte Dichter möge „durch eines Liedes freundliche Spende" den Kölner Karneval ehren. Diesem Anliegen kam Goethe gerne nach. Nur wenige Tage später hielt Wittgenstein den „Cölner Mummenschanz" in Händen, ein mehrstrophiges Gedicht, das eben auch jene Zeilen beinhaltet, die sich am Brunnen auf dem Gülichplatz wiederfinden.

„Das Gedicht wurde in der Generalversammlung des Festkomitees vorgetragen und in einem Extrablatt der Kölnischen Zeitung vom 9. Februar 1825 veröffentlicht", berichtet Petra Lentes-Meyer. Während des 19. Jahrhunderts wurde es immer wieder von den Karnevalisten der Rheinmetropole rezitiert, vor allem die 3. Strophe, in der Goethe vor allzu großen Ausschweifungen warnt.

„Der Brunnen wurde allerdings erst 1913 und somit 88 Jahre, nachdem Goethe den Cölner Mummenschanz verfasst hatte, nach Entwürfen des Bildhauers Georg Grasegger errichtet", erzählt Lentes-Meyer weiter. „Neben der Inschrift hat Grasegger auch vier tanzende Paare der ältesten Traditionstanzgruppe des Kölner Karnevals, die helligen Knäächte un Mägde, verewigt."

*„Das Gedicht wurde in der Generalversammlung des Festkomitees vorgetragen und in einem Extrablatt der Kölnischen Zeitung vom 9. Februar 1825 veröffentlicht."*

Doch warum steht am Brunnenrand Fastnacht, wo man doch in Köln immer vom Karneval spricht? „Viele der vornehmen Herren des Festordnenden Comitees waren gar keine gebürtigen Kölner und sprachen hochdeutsch", verrät die Stadtführerin. „Im Hochdeutschen des 19. und frühen 20. Jahrhundert verwendete man die Bezeichnung Fastnacht ebenso wie den Karneval." Nach kurzer Überlegung fügt sie hinzu: „Auch im 2. Teil von Goethes Faust findet sich eine Mummenschanz-Szene, in der der florentinische Karneval beschrieben wird. Es scheint, als sei der Dichter dem jecken Treiben weitaus zugeneigter gewesen als gemeinhin angenommen."

*Manuela Klaas*

........................................................

*So geht's zum Fastnachtsbrunnen:*

*Der Brunnen steht auf dem Gülichplatz vor dem Haus Neuerburg.*

161

# World-Trade-Center-Grabstein

## Ein Teil seines Lebens

**E**in Grabstein. Ein Grabstein auf dem Melaten-Friedhof. Darauf ein Datun, das verrät, dass der hier Ruhende 2001 das Zeitliche segnete. Dann ist noch eine weltberühmte Silhouette auf dem Grabstein abgebildet: die des World-Trade-Centers. Sofort ist der Kopf voller Bilder. Schrecklicher Bilder, die sich ins Unterbewusstsein gebrannt haben und vor dem inneren Auge auftauchen. Bilder von Flugzeugen, die ins World-Trade-Center fliegen. Von Menschen, die aus den Fenstern der Türme in die Tiefe springen. Weil sie lieber im freien Fall sterben möchten, als in den brennenden Hochhäusern zu ersticken. Und nun ein Grabstein aus dem Jahr 2001 auf Melaten. Mit einer Abbildung des World-Trade-Centers. Ein Opfer? Nein. Das wird beim Blick auf das Todesdatum schnell klar.

Denn der Grabstein ist nicht auf September, sondern auf März des Jahres 2001 datiert. Ayhan Demirci, Journalist beim Express, hat ihn dank des Stadtführers und Grabstein-Experten Detlef Rick entdeckt und viel über den Menschen herausgefunden, der hier begraben liegt. Und auch darüber, warum das World-Trade-Center auf dessen Grab abgebildet ist. Der Mann ist der Maler Roland La Nier, der 1921 in New Jersey geboren wurde und in New York aufwuchs. Glücklich war er dort nicht: „Denn Roland La Nier, ein Mann indianisch-französischen Ursprungs, war ein Bürger, der an seinem Land verzweifelte", sagt Ayhan Demirci, der auch mit La Niers Witwe, Dr. Irmhild La Nier-Kuhnt, gesprochen hat. Sie erzählte ihm, dass ihr verstorbener Mann sich weder von den Schwarzen noch von den Weißen akzeptiert fühlte und sehr unter Rassismus gelitten habe. „Und doch zog La Nier als Soldat für die USA gegen Nazi-Deutschland in den Krieg, landete am D-Day am 6. Juni 1944 in der Normandie", erzählt Demirci die Geschichte weiter.

Nach dem Krieg aber kehrte er seinem Heimatland den Rücken, kam nach Deutschland, verliebte sich an der Mosel, blieb zunächst, ging noch einmal nach New York zurück, erhielt ein Stipendium für

---

*Auf diesem Grabstein aus dem Jahr 2001 ist das World-Trade-Center abgebildet. Er steht auf dem Melaten-Friedhof.*

eine Pariser Kunsthochschule, zog an die Seine – und schließlich doch zu seiner Muse von der Mosel, die mittlerweile in Köln lebte. Die Beziehung ging in die Brüche, doch dann kam die Liebe, die wahre Liebe. „In einer Künstler-Kneipe lernte der Maler die WDR-Dokumentar-Redakteurin Irmhild Kuhnt kennen und lieben", schildert Demirci. Die hatte durchaus Interesse daran, mit ihrem Mann nach New York zu reisen. Aber der wollte nicht. Doch, sagt der Journalist, habe er diese strikte Abwendung von New York nicht durchgehalten. „1976 reisten sie dann trotzdem gemeinsam in die USA. Und La Nier sah: Sein Land hatte sich verändert." Die Gesellschaft war offener geworden, der Künstler begann, sich mit seiner Heimat zu versöhnen.

Vier Mal war das Paar dort. „Für immer zurückkehren mochte er nicht. La Nier blieb ein Kölner. Und wurde zu einem der vielen Menschen von Melaten", erzählt Ayhan Demirci. Der Amerikaner starb im März 2001. Sechs Monate später ereignete sich der Anschlag auf das World-Trade-Center. „La Nier erinnert mit seinem Grabmal die Melaten-Besucher an jenen unfassbaren Tag", sagt Demirci. Seine Witwe habe die Silhouette seiner Heimatstadt auf die Danksagungen für die Beileidsbekundungen drucken lassen. „Der Bildhauer Sepp Hürten wollte dieses Motiv dann auch für die Grabsäule verwenden." Mitten in die Arbeit am Grabstein ereignete sich dann der Anschlag vom 11. September. „Hürten stand vor der Frage: Was tun? Die Türme streichen, das Konzept verwerfen?" Die Witwe, sagt der Journalist, habe argumentiert: „Als Roland lebte, waren die Türme noch da. Sie sind also ein Teil von ihm."

Und La Nier wurde ein Teil von Köln", sagt Demirci. „Die Twin Towers: Auf Roland La Niers Grabstein blieben sie stehen."

*Eva-Maria Bast*

........................................................................

## So geht's zum World-Trade-Center-Grabstein:

*Er steht auf dem Melaten-Friedhof. Man findet ihn, wenn man den Friedhof durch das zweite Tor von der Aachener Straße aus betritt. Dann den ersten Weg links nehmen und gleich wieder rechts gehen. Dem Weg etwa 20 Meter folgen, dann entdeckt man ihn auf der linken Seite.*

*Heute sind die Klauen des Adlers leer. Zum Glück.*

# Adler

## Das Hakenkreuz in den Klauen

Übergroß hängt er seit fast 80 Jahren an der Brückenrampe, den Blick starr gen Rhein gerichtet, also vom Betrachter aus gesehen, nach rechts. Die scharfen Krallen hat er um einen Sockel geklammert, der von Eichenlaub umrankt ist. Die Fläche unter ihm ist leer. Zum Glück, denn innerhalb dieser Fläche befand sich einst das Symbol einer Epoche, die zu den dunkelsten der deutschen Geschichte zählt: das Hakenkreuz. „Dieser Adler ist ein Reichsadler, den Adolf Hitler 1940 am Aufgang zur Rodenkirchener Autobahnbrücke in Stein meißeln ließ", sagt Stadtführerin Elke Hecker, die in der Nähe des riesigen Steinvogels lebt. Der Adler mit dem Hakenkreuz in seinen Klauen wurde in der Zeit des Nationalsozialismus häufig als Symbol verwendet, vor allem an Großbauten.

Insbesondere dann, wenn es Monumentalbauten waren, die Hitler initiiert hatte, mit denen er sich zu schmücken gedachte und die Erinnerung an seine Person unsterblich machen wollte. „Er plante, eine Ost-West-Verbindung von London bis Istanbul zu schaffen", sagt Hecker. „Dafür ließ er 1939 von Architekt Paul Bonatz eine Kabel-Hängebrücke über den Rhein bauen, die auf die A555 mündet, die älteste Autobahn Deutschlands." 1941 wurde die Brücke fertiggestellt und hieß Adolf-Hitler-Brücke. Heute wird sie Rodenkirchener Autobahnbrücke genannt.

Auch wenn das Hakenkreuz nach dem Krieg entfernt wurde: „Die Richtung, in die der Adler schaut, gibt zusätzlich zur leeren Fläche in den Klauen Aufschluss über den Initiator", sagt Elke Hecker. Für diese Blickrichtung werden in der Literatur zweierlei Gründe angegeben: Der eine besagt, das Tier blicke nach Osten, in die Richtung, wo die Ideologie der Nazis den „neuen Lebensraum der Deutschen" sah. Aufgrund dieser Ansicht begann Nazi-Deutschland den Zweiten Weltkrieg mit einem Überfall auf den Osten und verursachte dort millionenfaches Leid und Zerstörung, Der andere Interpretationsansatz erkennt im Parteiadler die "Rückseite" des Reichsadlers. Zwei voneinander abhängige Hälften – Reich und Partei – würden sich demnach im Amt des „Führers" vereinigen, der ab 1934 Parteivorsitzender, Reichskanzler und nun auch Reichspräsident in Personalunion war.

Angefertigt hat den Adler an der Brücke in Köln der Bildhauer Willy Meller (1887-1974). „In Köln geboren, war er einer der meistbeschäftigten Bildhauer in der Zeit des Nationalsozialismus", sagt die Stadtführerin. „Willy Meller hat lange Zeit im Weißer Rheinbogen gelebt und gearbeitet", ergänzt sie. Nach Mellers Tod 1974 hatten die Käufer seines Hauses allerdings aufschlussreiche Dokumente gefunden, die die beachtlichen – von ihm bestrittenen – Umsätze mit den Nationalsozialisten detailliert dokumentierten. Und zu selbigen trug der Adler an der Rodenkirchener Brücke bei. Ein zweifelhafter Verdienst.

*Eva-Maria Bast*

## So geht's zum Adler:

*Er hängt am Aufgang zur Rodenkirchener Brücke. Die Autobahnbrücke führt die A4 bei Rodenkirchen über den Rhein.*

*Ein Planungsfehler? Wilfried Weber entdeckte die halben Fenster am Dom.*

46

# Halbe Fenster

## Nichts ist, wie es scheint

Blickt man vom Roncalliplatz aus auf die Südseite des Doms, sieht man, dass die westlichen, linken Fenster in den beiden unteren Geschossen des Südturms zur Hälfte verbaut sind. Stadtführer Wilfried Weber hält dies für einen Planungsfehler. „An dem Pendant der Nordseite findet man am Turm, der zur Preußenzeit gebaut wurde, nur ganze Fenster", konstatiert er. „Da man aber die Türme aus Norden und Süden nie gleichzeitig sieht, fällt die Asymmetrie zum Südturm, dessen Rumpf bereits im Mittelalter – also drei Jahrhunderte zuvor – errichtet wurde, kaum auf."

Matthias Deml, Pressesprecher der Dombauhütte, erklärt die scheinbar halben Fenstern folgendermaßen: „Es wirkt nur von außen so, als handle es sich um halbe Fenster. Innen sieht man eine vollständige Fensterverglasung. Sie sind demnach nicht vermauert, sondern lediglich vom Treppenhaus, das in den südwestlichen Turmpfeiler integriert ist, verdeckt."

Doch warum gibt es diese halben Fenster nur am Südturm? „Die Asymmetrie der beiden Türme erklärt sich aus den unterschiedlichen Bauperioden des Doms", erläutert Matthias Deml. „Die zwei unteren Geschosse des Südturmes stammen noch aus dem 14. Jahrhundert. Offenbar wagten es die Baumeister des Mittelalters aus statischen Überlegungen heraus nicht, das Turmtreppenhaus vollständig in den Turmpfeiler zu integrieren. Also erweiterten sie den Pfeiler nach Osten, sodass die Fenster nun zur Hälfte durch die Treppe verdeckt werden. Ähnlich löste man übrigens das Problem im 16. Jahrhundert zunächst auch am Nordturm des Doms."

*Sowohl halbe als auch ganze Fenster zieren den Südturm.*

Bei der Wiederaufnahme des Dombaus im 19. Jahrhundert war das Treppenhaus des Nordturms – anders als auf der Südseite – jedoch erst wenige Meter hoch. Der damalige Dombaumeister Ernst Friedrich Zwirner (1802-1861) nutzte daher die Gelegenheit, die Architektur zu perfektionieren. Er ließ den Pfeiler samt Treppenhaus wieder abreißen und eine wesentlich kleinere Treppenspindel vollständig in den Turmpfeiler integrieren, sodass das benachbarte Fenster nicht verdeckt wurde.

„Es existieren noch weitere Stellen am Dom, an denen es halbe Fenster gibt", verrät Matthias Deml. „Dort, wo Querhaus und Langhaus sowie Langhaus und Türme der Kathedrale zusammenlaufen, mussten die Fenster ebenfalls halb angelegt werden, um die Strebe-

und Turmpfeiler zum Boden führen zu können, die die Schubkräfte der Mittelschiffgewölbe ableiten. Im Prinzip sind es immer die Nahtstellen, an denen man auf die vermeintlichen halben Fenster trifft."

Das Strebewerk ist ein statisch notwendiges Element gotischer Kathedralen, das entwickelt wurde, um Kirchen höher und gleichzeitig filigraner errichten zu können. Es setzt sich aus Strebepfeilern und Strebebogen zusammen, deren konstruktives Wirken voneinander abhängt. Der Strebebogen fängt den Gewölbeschub und die Windkräfte auf und überträgt sie diagonal zum Strebepfeiler. Dieser wiederum leitet die ankommenden Kräfte in die Senkrechte um und gibt sie ans Fundament ab.

*„Da man aber die Türme aus Norden und Süden nie gleichzeitig sieht, fällt die Asymmetrie zum Südturm, dessen Rumpf bereits im Mittelalter – also drei Jahrhunderte zuvor – errichtet wurde, kaum auf."*

Heute besuchen täglich rund 20.000 Menschen den Kölner Dom. Kaum jemandem fallen die halben Fenster auf, dafür gibt es viel zu viele andere faszinierende Details an und in der Kathedrale zu bestaunen. Wilfried Weber hat die ungewöhnlichen Fenster bei einer seiner Stadtführungen entdeckt. Nun gibt er gerne das Geheimnis weiter, das sich hinter ihnen verbirgt.

*Manuela Klaas*

......................................................................

## *So geht's zu den halben Fenstern:*

*Die halben Fenster sieht man, wenn man vom Roncalliplatz aus am Dom auf die beiden unteren Etagen des Südturms schaut.*

# Fassade

## Haus im Haus

Sehen Sie das? Sieht das nicht skurril aus?", fragt Dr. Ulrich Soénius, seines Zeichens Direktor des Rheinisch-Westfälischen Wirtschaftsarchivs in Köln. In der Tat ist das, was der Kölnkenner zeigt, ausgesprochen interessant: Es ist gewissermaßen ein Haus im Haus. Eine reich verzierte Fassade ist in ein sehr viel moderneres Haus eingearbeitet, das sie umgibt und um viele Stockwerke überragt.

„Dieses ganze Karree, zu dem das Gebäude gehört, war früher die Commerzbank", erklärt Ulrich Soénius. Seit Beginn des 20. Jahrhunderts sei ein Vorläufer des Geldinstituts in einem der Häuser beheimatet gewesen. Das Bankhaus hatte im Laufe der Jahre verschiedene Gebäude aufgrund der Expansion hinzugekauft. „Das war ein Wirrwarr an Häusern", erinnert sich der Historiker. 2004 seien die Gebäude verkauft und abgerissen worden. „Es war eine riesige Baugrube", sagt der Archivar.

Eines der Häuser aber habe unter Denkmalschutz gestanden – oder besser: dessen Fassade. Zu diesem alten Gebäude hat Soénius folgendes recherchiert: „Das ist das ehemalige Haus Jabs, Komödienstraße 36." In den Adressbüchern der Jahre 1950 bis 1969 ist hier eine Autoreparaturwerkstatt und anschließend ein Transportgeschäft genannt. „Nach Plänen des Berliner Architekten Hans Kollhoff hat der Bauherr die Fassade stehenlassen, sie mit Stahlträgern abgestützt und drumherum das neue Haus gebaut." Die Front des Vorgängerbaus wurde in die 2009 fertiggestellte Fassade mit aufgenommen.

Und gibt nun einen Eindruck davon, wie es hier im 20. Jahrhundert einmal aussah.

*Eva-Maria Bast*

### So geht's zur Fassade:

*Sie befindet sich an der Ecke Komödienstraße / Tunisstraße.*

*Dr. Ulrich Soénius kennt die Geschichte vom „Haus im Haus".*

# 48

# Pumpe

## Waschschiffe und ein bisschen Tratsch

W enn die begeisterte Gästeführerin Sabine Gläsel die Tür ihrer Waschmaschine schließt, dann hat sie oft das Bild der großen, steinernen Pumpe am Alter Markt vor Augen. „Unsere Vorfahrinnen hatten es nicht so gut – sie mussten ihre schmutzige Wäsche buchstäblich in der Öffentlichkeit waschen", stellt Sabine Gläsel fest.

Beliebte Waschplätze in Köln waren die öffentlichen Brunnen und Pumpen– wie eben die am Alter Markt – und auch im Rhein wurde gewaschen. „Vor allem zwischen der Hohenzollern- und der Deutzer Brücke lagen Waschboote mit einem ganz flachen Bord, auf denen die Frauen ihre Wäsche schrubben konnten." Betuchtere Haushalte hätten sich Lohnwäscherinnen geleistet. „Das waren meistens Witwen", sagt Sabine Gläsel. „Es gab aber auch Waschmägde, meist junge Mädchen." Dieses buchstäbliche Waschen der schmutzigen Wäsche in der Öffentlichkeit sei häufig die einzige – und daher sehr willkommene – Gelegenheit gewesen, mit anderen in Kontakt zu kommen. „Die Hausarbeit verlangte von den Frauen in jener Zeit, dass sie viel Zuhause blieben."

Gebleicht wurde die Wäsche auf der Insel Werthchen. „Das ist der Teil vom Rheinauhafen, auf dem sich die Krankenhäuser befinden – früher war das wirklich eine kleine Insel. Als man den Vorläufer des Rheinauhafens baute, einen militärischen Schutzhafen, hat man die Insel mit dem Festland verbun-

*„Das ist der Teil vom Rheinauhafen, auf dem sich die Krankenhäuser befinden – früher war das wirklich eine kleine Insel. Als man den Vorläufer des Rheinauhafens baute, einen militärischen Schutzhafen, hat man die Insel mit dem Festland verbunden."*

den", erklärt die Gästeführerin. Werthchen ist im Mittelalter vor der Altstadt entstanden und wird urkundlich erstmals 1446 als „up der

*An dieser Pumpe wurde früher gewaschen.*

Für Sabine Gläsel stellt diese Pumpe eine wichtige Erinnerung an die Mühsal dar, die vor allem Frauen einst beim Wäschewaschen auf sich nehmen mussten.

warden buyssen Beyers" und 1473 als „das Wert bei Baien an der Arken" erwähnt. 720 Meter lang und an den breitesten Stellen 40 Meter messend, wurde hier Schiffbau betrieben. Außerdem wurde Werthchen landwirtschaftlich genutzt und war seit 1833 ein beliebtes Naherholungsgebiet für die Kölner. Ab 1847 plante die Stadt die Verbindung mit dem linken Rheinufer, die Insel wurde zur Halbinsel und schließlich zum heutigen Hafen.

Zum Bleichen brauchte man Werthchen nun ohnehin nicht mehr, denn Mitte des 19. Jahrhunderts wurde die öffentliche Kanalisation gebaut. Anschließend war das Waschen in der Öffentlichkeit offiziell verboten. „Das Waschen fand nun im Inneren des Hauses statt, so, wie wir es heute kennen, wenn auch noch mit viel geringeren technischen Möglichkeiten", sagt die Kölnerin. Allein – mit der Kommunikation und dem Austausch beim Wäschewaschen war es nun vorbei. Einsamer ist das moderne Wäschewaschen also allemal.

*Eva-Maria Bast*

## *So geht's zur Pumpe:*

*Sie steht fast in der Mitte des Alter Markts, vor dem Brauhaus „Zum Prinzen", Hausnummer 20 – 22.*

Wolfgang Niedecken kommt bei seinen ausgedehnten
Fahrradtouren meist auch an dem Stein mit der
rätselhaften Inschrift vorbei.

# Gedenkstein

## Ein lange zurückliegendes Verbrechen

Hochgewachsene Bäume säumen den kleinen Platz am Wal-
desrand, in dessen Mitte ein verwitterter Stein steht. Wie
der eingravierten Jahreszahl und der nachfolgenden
Inschrift zu entnehmen ist, erinnert er an einen Mord, der
offensichtlich vor mehr als 250 Jahren geschah.

Der rätselhafte Gedenkstein steht nahe dem Rheinufer am Weißer
Leinpfad, jener Weg, den der Singer-Songwriter Wolfgang Niedecken
auf seinen Fahrradtouren in Richtung Godorfer Hafen entlangfährt
(siehe Geheimnis Nr. 01). Bei einem dieser Ausflüge stieg der Front-

mann der Kölschrock-Band BAP vom Rad und sah sich die Inschrift
genauer an:

*ANNO IHS 1758 / DEN 6TEN FEBR / UARŸ•WURDE•I0 / AN•STEMMELER / VON•BRU / EL•ERM / ORDET / R • I • P*

Wegen der ungewöhnlichen Schreibweise und den grammatikalisch
falschen Umbrüchen in den Worten konnte Wolfgang Niedecken die

Inschrift zunächst nur schwer deuten. Auch waren
die Buchstaben IHS in der ersten Zeile leicht nach
oben versetzt und mit einem Kreis umschlossen, was
auf eine Besonderheit schließen ließ. Die einzelnen
Buchstaben und Ziffern hatte jemand mit roter Farbe
nachgemalt. Und dabei entstand offensichtlich ein
Fehler: Aus dem ursprünglichen IHS wurde ein iAIS,
da dem H oben ein Strich hinzugefügt wurde.

Was Niedecken der Inschrift entnehmen konnte, war
die Tatsache, dass der Stein als Mahnmal für einen
Mord steht, sowie den Namen des Opfers, Johann
Stemmeler, das Todesdatum, 6. Februar 1758, und
dass der Tote aus Brühl stammte. „Anno 1758 den 6.
Februar wurde Johann Stemmeler von Brühl ermordet. R.I.P. – Er ruhe in Frieden."

Nachdenklich stieg der Sänger wieder aufs Rad. Wer
war dieser Johann Stemmeler? Von wem wurde er

*Der Gedenkstein am Weißer Bogen.*

ermordet? Und markiert der Stein auch die Stelle, an
der man das Mordopfer fand?

In einem Bericht der Tageszeitung Ruhr Nachrichten vom 13. März
2008 gibt der Journalist Markus Peters auf genau diese Fragen eine
Antwort: Johann Stemmeler war der Sohn des Brühler Bürgermeisters Jacob Stemmeler. An seinem Todestag war das Opfer gerade
einmal 21 Jahre alt. Die Akten zu diesem Fall befinden sich im nord-
rhein-westfälischen Staatsarchiv der Landeshauptstadt Düsseldorf.
Peters hat sich intensiv mit ihnen beschäftigt. Er stieß auf ein brutales
Verbrechen, dessen mutmaßliche Täter zwar bekannt waren, aber nie
verurteilt wurden.

Den Polizeiakten ist zu entnehmen, dass Johann Stemmeler vier
Tage vor seinem Tod eine heftige Auseinandersetzung mit dem 28-jäh-

rigen Anton Dominik und dessen zehn Jahre jüngerem Bruder Johann Georg, den Söhnen einer Brühler Gastwirtsfamilie, hatte. Stemmeler schlug damals Anton Dominik nieder. Um was genau es bei diesem Streit ging, lässt sich heute nicht mehr rekonstruieren. Vier Tage später – am Karnevalsdienstag – verschwand der Sohn des Brühler Bürgermeisters. Als die Dominik-Brüder kurz darauf befragt werden sollten, waren sie bereits untergetaucht. Anton und Johann Georg Dominik wurden nie verurteilt.

*„Der Stein erzeugt eine Gänsehaut, wenn man weiß, was damals passiert ist.“*

Johann Stemmelers Leichnam fand man sechs Wochen nach dessen Verschwinden, am 18. März 1758, zwischen Eisschollen treibend in der Nähe des Ortsteils Sürth. Man hatte ihm das eigene Hemd über den Kopf gezogen und verknotet. An Kopf und Körper des Toten fanden sich mehrere Messerstichwunden.

Somit ist der Ort, an dem der Gedenkstein steht, keineswegs der Tatort. Warum der Stein einige Kilometer weiter nördlich vom Fundort der Leiche steht, ist nicht bekannt. Und Stemmelers Grab markiert er auch nicht: Bestattet wurde der Sohn des Bürgermeisters in seinem Heimatort Brühl. Heute gibt es den Friedhof an der Brühler Kirche St. Margareta nicht mehr. Der Gedenkstein am Weißer Leinpfad wird indes regelmäßig mit frischen Blumen versehen. Wer diese niederlegt, ist nicht bekannt. Auch ließ sich nicht herausfinden, wann und von wem der Stein errichtet wurde und warum derjenige die drei Buchstaben in der ersten Zeile der Inschrift so besonders hervorhob.

Wolfgang Niedecken sagt: „Der Stein erzeugt eine Gänsehaut, wenn man weiß, was damals passiert ist.“

*Manuela Klaas*

### So geht's zum Gedenkstein:

*Der Stein befindet sich am Weißer Leinpfad im Stadtteil Rodenkirchen, südlich vom Campingplatz Berger in Rheinnähe. Das Kreuz steht auf der rechten Seite, nur wenige Meter neben dem asphaltierten Weg.*

## 50

# Wasserleitung
### Kein Pfusch am Bau

Im Kölner Grüngürtel steht ein Relikt aus Römerzeiten. Nicht nur Kinder können hineinklettern, auch ein erwachsener Mann wie Diplom-Geograph Bruno Knopp hat – zumindest in gebückter Haltung – in der gemauerten Rundung Platz.

„Dies ist ein Teilstück der römischen Wasserleitung, die vom 1. bis wahrscheinlich zur Mitte des 3. Jahrhunderts Colonia Claudia Ara Agrippinensium, wie Köln zu Zeiten der Römer hieß, mit Frischwasser versorgte", berichtet er. „Zuerst stammte das Wasser aus dem Vorgebirge bei Hürth, Berrenrath und Bachem. Um das Jahr 80 nach Christus wurde die Vorgebirgsleitung durch die Eifelleitung ersetzt. Der Wasserbedarf der 50 nach Christus zur Kolonie erhobenen Siedlung wuchs."

Die römische Wasserleitung nach Köln gilt als eines der größten antiken Bauwerke nördlich der Alpen. Sie wurde ab der Quelle im Urfttal bei Nettersheim über 90 Kilometer weit durch Berge getrieben und mittels Aquädukten über Täler bis zur Kölner Stadtmauer geführt.

„Man braucht kein Ingenieur zu sein, um zu erahnen, was für eine enorme Leistung das mit den damaligen Hilfsmitteln gewesen sein muss", sagt Bruno Knopp.

Die Erbauer verlegten die Leitung zu großen Teilen unterirdisch. „Damit war sie vor Frost, Verunreinigung und Zerstörung geschützt", erläutert Knopp. „Nur in besonders steilen Tälern wurde das Wasser über Bogenbrücken geführt."
Dabei nutzten die römischen Baumeister das natürliche Gefälle, denn Nettersheim lag in 470 Metern Höhe über Nor-

*In dem Pfeilerstumpf an der Berrenrather Straße finden sich unter anderem vulkanisches Gestein, Kiesel und Reste römischer Ziegel.*

malhöhennull und somit ganze 417 Meter höher als Köln. „Heute weiß man", so Knopp, „dass die Römer bei Vermessungen im Gelände mit dem Chorobat, einer Art Wasserwaage, arbeiteten. Der Chorobat war ein einfacher, etwa sechs Meter langer Holzbalken mit senkrechten Stützen an den Enden. Balken und Stützen waren durch Streben miteinander verbunden. Mit ihm konnten Höhenunterschiede gemessen und Horizonte ohne Visierhilfe bestimmt werden."

Das Gefälle der Eifelwasserleitung lag bei einem Promille, sie überwand somit auf 1000 Meter Entfernung die Höhe von einem Meter. Bei der Ortschaft Kall musste zudem die Wasserscheide zwischen Maas und Rhein überwunden werden. Dies gelang den römischen Baumeistern dort ohne einen Tunnel oder eine Druckrohrleitung. „Es ist faszinierend, wie unglaublich präzise die Römer gearbeitet haben", sagt Bruno Knopp.

Durch ein weitverzweigtes Leitungssystem wurden die Brunnen und Thermen der Stadt mit bis zu 20.000 Kubikmeter frischem Quellwasser gespeist. Damals lebten in der römischen Kolonie rund 15.000 Bürger. Das waren – je nachdem, wie sehr die Einwohnerzahl schwankte – bis zu 1200 Liter täglich pro Person. Heute verbrauchen wir im Durchschnitt etwa 120 Liter Wasser am Tag.

Das in die Leitung eingespeiste Wasser musste gereinigt werden. Hierzu wurden sogenannte Absetzbecken verwendet, die als Schlammfang dienten: Der mitgespülte Sand und weitere Schwebteilchen setzten sich im Becken ab. Ein solches Absetzbecken befindet sich direkt neben dem gemauerten Stück Wasserleitung im Grüngürtel. Im Sohlenmörtel des Beckens fand man sechs antike Münzen, anhand derer man die Bauzeit der ersten Leitung um das Jahr 30. n. Chr. datieren konnte. Mit dem Bau der Stadtmauer nach 50 n. Chr. gab man das Absetzbecken auf. Es lag nun zu tief, weil das Wasser in etwa acht Metern Höhe die Mauerkrone erreichen musste. Von Hürth-Hermülheim lief das Frischwasser in einem acht Kilometer langen Hochbau, einem Aquädukt, in die Stadt.

*„Man braucht kein Ingenieur zu sein, um zu erahnen, was für eine enorme Leistung das mit den damaligen Hilfsmitteln gewesen sein muss."*

Durch die erhöhte Leitung floss ab 80/90 n. Chr. auch das Wasser der Eifelleitung. „Man konnte nahe der Stadt bequem unter den Rundbögen hindurch gehen", berichtet Knopp.

Nicht weit vom Grüngürtel entfernt, an der Berrenrather Straße 436, steht noch ein 1,8 Meter hoher Pfeilerstumpf der Wasserleitung. Das Baumaterial des Pfeilerkerns besteht aus einer gestampften Masse aus gebranntem Kalk, Sand, Kieseln, Grauwacke (Sandstein), Wasser und Gesteinstrümmern. „Dieses Opus Caementitium kann man durchaus als eine Art römischen Betons bezeichnen", erklärt Knopp. „In diesem Pfeilerstumpf finden wir unter anderem vulkanisches Gestein, Kiesel und Reste römischer Ziegel."

Gegen eindringendes Schmutz- und Grundwasser wurde die Rinne von innen mit einem roten, wasserdichten Estrich, dem Opus Signinum, verputzt. Hierbei handelt es sich um ein Gemisch aus Kalkmörtel, groben und feinen Sandarten, Ziegelmehl sowie Fragmenten aus Terrakottaziegeln. Gegen aufstauendes Sickerwasser wurden Drainagen verlegt. Als zum ersten Mal Wasser durch die Leitung floss, fügten die römischen Ingenieure Holzasche bei, die in die Poren drang und sie abdichtete.

Mehr als 190 Jahre lieferte die Römerleitung das Eifelwasser nach Köln. Während dieser Zeit musste sie ständig gereinigt, gewartet und ausgebessert werden. Das Wasser war besonders kalkhaltig, was einen angenehmen Nebeneffekt mit sich brachte: Der Kalk lagerte sich als dicke Kruste in den städtischen Rohrleitungen aus Blei ab und bildete so eine höchst effektive Schutzschicht gegen das giftige Schwermetall.

Wohl bis etwa 260 n. Chr. wurde das antike Köln mit dem qualitativ hochwertigen Wasser aus der Eifel versorgt. Dann fielen die Franken über den Rhein kommend im Kölner Umland ein. Die Mauern der Stadt hielten dem Überfall anscheinend stand, doch die Wasserleitung muss stark beschädigt worden sein. Sie wurde offenbar nicht wieder in Betrieb genommen und verfiel. Hier gehen aber die Forschungsmeinungen auseinander. Einige Fachleute sehen das Ende des Wasserleitungsbetriebs im Verlauf des 4. Jahrhunderts.

Im Mittelalter wurde die ehemalige Wasserleitung vor allem als Steinbruch genutzt. Mit dem abgetragenen Material baute man Kirchen, Klöster und Burgen. Aus den Kalkablagerungen fertigten die damaligen Steinmetze Grababdeckungen, Säulen und Altarplatten.

„Das Kanalstück, das am Grüngürtel steht, wurde bei Mechernich-Breitenbenden verbaut und musste dem Ausbau der Landesstraße im Jahr 1979 weichen", berichtet Knopp. „In den 1980er-Jahren stellte man es zunächst in der Kölner Innenstadt auf, bevor es 1992 noch einmal umzog und an der jetzigen Stelle seinen Platz fand."

*Manuela Klaas*

........................................................

### *So geht's zur Wasserleitung:*

*Sie steht an der Berrenrather Straße, Höhe Franz-Kremer-Allee, im Kölner Grüngürtel. Daneben befindet sich das Absetzbecken. Nicht weit entfernt, an der Berrenrather Straße 436, steht der letzte erhaltene Pfeilerstumpf, von dem nur der Kern aus Stampfbeton erhalten ist.*

# Quellen, Literatur, Bildnachweis

750th Tank Battalion - 104th Infantry Division. URL: http://www.104infdiv.org/750tank.htm#The%20Drive%20for%20Cologne. Abgerufen am 15.02.2017.

Adenauer, Hanna: Das Schicksal des Kölner Rathauses vor, während und nach dem Zweiten Weltkrieg. In: Fuchs, P.: Das Rathaus zu Köln, Geschichte, Gebäude und Gestalten, 2. Auflage. Köln 1994, S. 129.

Amtsblatt der Königlichen Regierung zu Köln. 25. Jahrgang. Köln 1840, S. 3.

Andersen, Hans Christian: Märchen. Berlin 2016. S. 181 ff.

Assel, Jutta, Jäger, Georg: Volksleben in Rom: Das Römische Karneval. URL: http://www.goethezeitportal.de/wissen/projektepool/goethe-italien/rom/goethe-volksleben.html. Stand: August 2015, abgerufen am 26.2.2017.

Bilderbuch Köln: Schloßanlage Weißhaus, Parkanlage m. Weiher, Einfriedung. URL: http://www.bilderbuch-koeln.de/Denkmale/7684. Abgerufen am 01.02.2017.

Braun, Ingo; Schumacher,Renate: Bonner Ansichten - Ein Führer zu den Fassaden der Bundesstadt, Bonn 2007, S.79.

Die Blauen Funken: Funkenturm. URL: http://www.blaue-funken.de/ueber-uns/funkenturm/. Abgerufen am 19.07.2017.

Die Welt: Als Köln Hauptstadt einer antiken Großmacht war. URL: https://www.welt.de/geschichte/article115091975/Als-Koeln-Hauptstadt-einer-antiken-Grossmacht-war.html. Abgerufen am 04.05.2017.

Doris Lindemann / Kölner Verkehrs-Betriebe (Hrsg.): Kölner Mobilität – 125 Jahre Bahnen und Busse. Köln 2002.

Engeln-Bruns, Christine: Pauls Ballettschuhe – mein Leben. Manuskript. Köln 1994.

Enzyclo: Brisanzgranate. URL: http://www.enzyklo.de/Begriff/Brisanzgranate. Abgerufen am 12.07.2017.

Fischer, Thomas / Trier, M.: Das römische Köln. Köln, 2014, S. 122, 158.

Focus Online: Laki-Krater auf Island. Dieser Vulkan brachte eine Eiszeit – und ein anderer könnte es heute wieder tun. URL: http://www.focus.de/wissen/natur/katastrophen/serie-die-schlimmsten-katastrophen-der-menschheit-vulkanischer-winter-wenn-vulkane-die-eiszeit-bringen_id_4609559.html. Abgerufen am 27.05.2017.

Fuchs, Peter: Den Schatz der Stadt in einer Gruft versteckt. In: Kölner Stadt-Anzeiger, Quer durch Köln. 15.03.1985.

Gedenkstein im Rheinbogen – Mord vor 250 Jahren. URL: https://suedglueck.koeln/k-sued/geheimnissvoller-gedenkstein-im-rheinbogen/. Abgerufen am 07.07.2017.

Grässe, Johann Georg Theodor: Sagenbuch des Preußischen Staates, Band 2. Glogau, 1868. Sage 62.
Greven, A.C.: Neuester Illustrirter Führer durch Köln und Umgegend,

Köln 1888.

Grosse Carnevals-Gesellschaft: Lieder-
und Jahrbuch 1901, Lieder zur 7.
Sitzung am 10. Februar 1901. S. 134.

Guratzsch, Dankwart: Köln ist
architektonisch gescheitert. In: Die Welt
vom 27.12.2016.

Hammer, Lothar: Köln: Die
Hohenzollernbrücke und die deutsche
Brückenarchitektur der Kaiserzeit. In:
Stadtspuren – Denkmäler in Köln. Band
25. Köln 1997.

Heimatarchiv Worringen:
Myriametersteine – die Rheinstrom-
Kilometrierung. URL: http://www.
heimatarchiv-worringen.de/index.php/
wussten-sie-schon/85-
myriametersteine-die-rheinstrom-
kilometrierung. Aufgerufen am
23.4.2017.

Historisches Archiv der Stadt Köln:
Hausnummern in Köln. URL: http://
www.archive.nrw.de/kommunalarchive/
kommunalarchive_i-l/k/Koeln/
InformationenUndService/
AllgemeineInformationen/
ZurKoelnerStadtgeschichte_Teil3.php.
Abgerufen am 19.07.2017.

Kölner Dom: Geschichte des Domes.
URL: https://www.koelner-dom.de/
geschichte/geschichte-des-domes/.
Abgerufen am 14.09.2017.

Kölner Dom: Rundgang. URL: http://
koelner-dom.de/rundgang/ausstattung/
kloeppel-der-kaiserglocke-1876/info/.
Abgerufen am 23.05.2017.

Kölner Stadtanzeiger:
Veedelsgeschichte(n): Die große
Mülheimer Flutkatastrophe. URL:
http://www.ksta.de/koeln/muelheim/
veedelsgeschichte-n--die-grosse-
muelheimer-flutkatastrophe-3967434.
Abgerufen am 27.05.2017.

Kölner-Verkehrs-Betriebe AG:
Geschichte. URL: http://www.kvb-
koeln.de/german/unternehmen/
geschichte/bis1980.html#1903.
Abgerufen am 19.08.2017.

Kosch, Clemens: Kölns Romanische
Kirchen. URL: http://www.
audioguideportal.de/reiseziel/275/
st-aposteln. Abgerufen am 20.05.2017.

Kultur.Landschaft.Digital.:
Absetzbecken der römischen
Wasserleitung in Sülz. URL: https://
www.kuladig.de/
Objektansicht/O-103601-20140922-2.
Abgerufen am 04.05.2017.

Leiverkus, Yvonne: Köln: Bilder einer
spätmittelalterlichen Stadt. Köln, 2005.
S. 199 ff.

Lone Sentry: Timberwolves - The Story
of the 104th Infantry Division. URL:
http://www.lonesentry.com/gi_stories_
booklets/104thinfantry/index.html.
Abgerufen am 15.02.2017.

Luftfahrtarchiv Köln: Der
Hubschrauberflughafen Köln. URL:
http://www.luftfahrtarchiv-koeln.de/
hubschrauberflughafen.htm. Abgerufen
am 10.03.2017.

Meißner, Oliver: Die Anfänge Kölns –
Von der Ubierstadt zum Rom des
Nordens. URL: http://www.cologneweb.
com/koeln-1.htm. Abgerufen am
04.05.2017.

Meynen, Henriette (HRSG):
Festungsstadt Köln. Das Bollwerk im
Westen. Köln, 2010. S. 16 f, 218 ff.

Naturpark Schwarzwald: Holz im Fluss. Schonach 2013. S. 23.

Neuhoff, Stephan: Feuer und Flamme. Die Geschichte des Brandschutzes in Köln. Köln 2014, S. 57 ff.

Nitt, Ingeborg: Vor rund 1000 Jahren – Erzbischof Heribert. URL: http://www2. koelsch-akademie.de/pdfs/Vor-rund-1000-Jahren-Erzbischof-Heribert.pdf. Abgerufen am 16.05.2017.

Panzerduell am Dom - 6. März 1945. URL: http://www.panzerduell.de. Abgerufen am 01.02.2017.

Peters, Markus: Gedenkstein erinnert an Mord vor 250 Jahren, in: RuhrNachrichten.de vom 13.03.2008. URL: https://www.ruhrnachrichten.de/ nachrichten/vermischtes/aktuelles_ berichte/Gedenkstein-erinnert-an-Mord-vor-250-Jahren;art29854,208418. Abgerufen am 07.07.2017.

Plum, Yvonne und Thomas: Kunst, Kakao und Karneval – was Museen in und um Köln zeigen. J.P. Bachem Verlag, Köln 1995.

Regionalgeschichte: Rheinische Großstädte nach dem Ende des Zweiten Weltkrieges. Notverwaltung oder Neubeginn? URL: http://www. regionalgeschichte.net/?id=7686. Abgerufen am 24.07.2017.

Rode, Herbert: Gerhard. In: Neue Deutsche Biographie (NDB). Berlin 1964, S. 272 (Digitalisat).

Schiff und Technik: Rheinkilometrierung. URL: http://www. schiffundtechnik.com/lexikon/r/ rheinkilometrierung.html. Abgerufen am: 23.4.2017.

Schury, Gudrun: Wer nicht sucht, der findet: Zufallsentdeckungen in der Wissenschaft. Campus Verlag, Frankfurt/Main 2006, S. 60-65.

Stadt Köln: KVB – Kölner Verbundbrief. URL: https://www. museenkoeln.de/portal/bild-der-woche. aspx?bdw=2010_09. Abgerufen am 13.07.2017.

Stinauer, Tim: Spurensuche in Köln-Lindenthal Tod im Bunker unter dem Melaten-Friedhof. In: Kölner Stadtanzeiger. URL: http://www.ksta. de/23308986 ©2017. Abgerufen am 22.07.2017.

Thomas, Frank; Trümper, S.: Bayenthal-Marienburg. 150 Jahre Leben und Arbeiten am Rhein. Köln 1985, S. 13 ff.

Thur, Hermann: Das „Jahrtausendhochwasser" 1784. URL: http://www.briedeler-geschichte.de/ quellen/hochwasser1784.htm. Abgerufen am 27.05.2017.

Universität zu Köln: Wallrafs Straßenneubenennung - Wallraf-Projekt. URL: http://wallraf. mapublishing-lab.uni-koeln.de/wallraf-in-koeln/wirken-und-nachwirkung/ wallrafs-strassenneubenennung/. Abgerufen am 19.07.2017.

Urbs Mediaevalis: Das Strebewerk (Der Strebeapparat). URL: http://www.urbs-mediaevalis.de/media/09_Glossar/S/ Strebewerk/Das_Strebewerk_ Glossareintrag.pdf. Abgerufen am 01.06.2017.

Welt N24: Warum die „Kaiserglocke" des Doms stumm blieb. URL: https:// www.welt.de/wissenschaft/ article124532274/Warum-die-Kaiserglocke-des-Doms-stumm-blieb.

html. Abgerufen am 23.05.2017.

Werner, Marion: Vom Adolf-Hitler-Platz zum Ebertplatz: eine Kulturgeschichte der Kölner Straßennamen seit 1933. Köln, 2008. S. 249.

Wikipedia: 104th Infantry Division (United States). URL: https://en.wikipedia.org/wiki/104th_Infantry_Division_(United_States). Abgerufen am 15.02.2017.

Wikipedia: Botschaft der Republik Polen (Köln). URL: https://de.wikipedia.org/wiki/Botschaft_der_Republik_Polen_(Köln). Abgerufen am 02.02.2017.

Wikipedia: Engelbert II. von Falkenburg. URL: https://de.wikipedia.org/wiki/Engelbert_II._von_Falkenburg. Abgerufen am 19.07.2017.

Wikipedia: Hahnentorburg. URL: https://de.wikipedia.org/wiki/Hahnentorburg. Abgerufen am 19.07.2017.

Wikipedia: Kaiserglocke. URL: https://de.wikipedia.org/wiki/Kaiserglocke. Abgerufen am 23.05.2017.

Wikipedia: M4 Sherman. URL: https://en.wikipedia.org/wiki/M4_Sherman. Abgerufen am 15.02.2017.

Wikipedia: Salomo. URL: https://de.wikipedia.org/wiki/Salomo. Abgerufen am 10.05.2017.

Wikipedia: Sankt Paul vor den Mauern. URL: https://de.wikipedia.org/wiki/Sankt_Paul_vor_den_Mauern. Abgerufen am 13.05.2017.

Wikipedia: Separate tank battalion. URL: https://en.wikipedia.org/wiki/Separate_tank_battalion. Abgerufen am 15.02.2017.

Wikipedia: Shared space. URL: https://en.wikipedia.org/wiki/Shared_space. Abgerufen am 30.03.2017.

Wikipedia: Tony Matelli. URL: https://de.wikipedia.org/wiki/Tony_Matelli. Abgerufen am 24.07.2017.

Wikipedia: Werthchen. URL: https://de.wikipedia.org/wiki/Werthchen. Abgerufen am 25.07.2017.

Wolff, Gerta: Das Römisch - Germanische Köln - Führer zu Museum und Stadt. Köln 1981.

Wolfgang von Goethe, Johann: Ueber Kunst und Alterthum. Stuttgart, 1824. S. 198.

ZDF Royal: Die Schwiegermutter der Queen. Dokumentation 2014.

ZDF: Terra X: Superbauten: Der Kölner Dom, Dokumentation. Sendung vom 26.07.2016.

*Bildnachweis*

S. 46: Nina Adam
S. 86: Nina Adam
S. 112: Köln, Dom, Fassadenriss F, Gesamtaufnahme. © Hohe Domkirche Köln, Dombauhütte; Foto: Matz und Schenk.
S. 146: Nina Adam
S. 162: Express
S. 165: Elke Hecker
S. 174: Privat

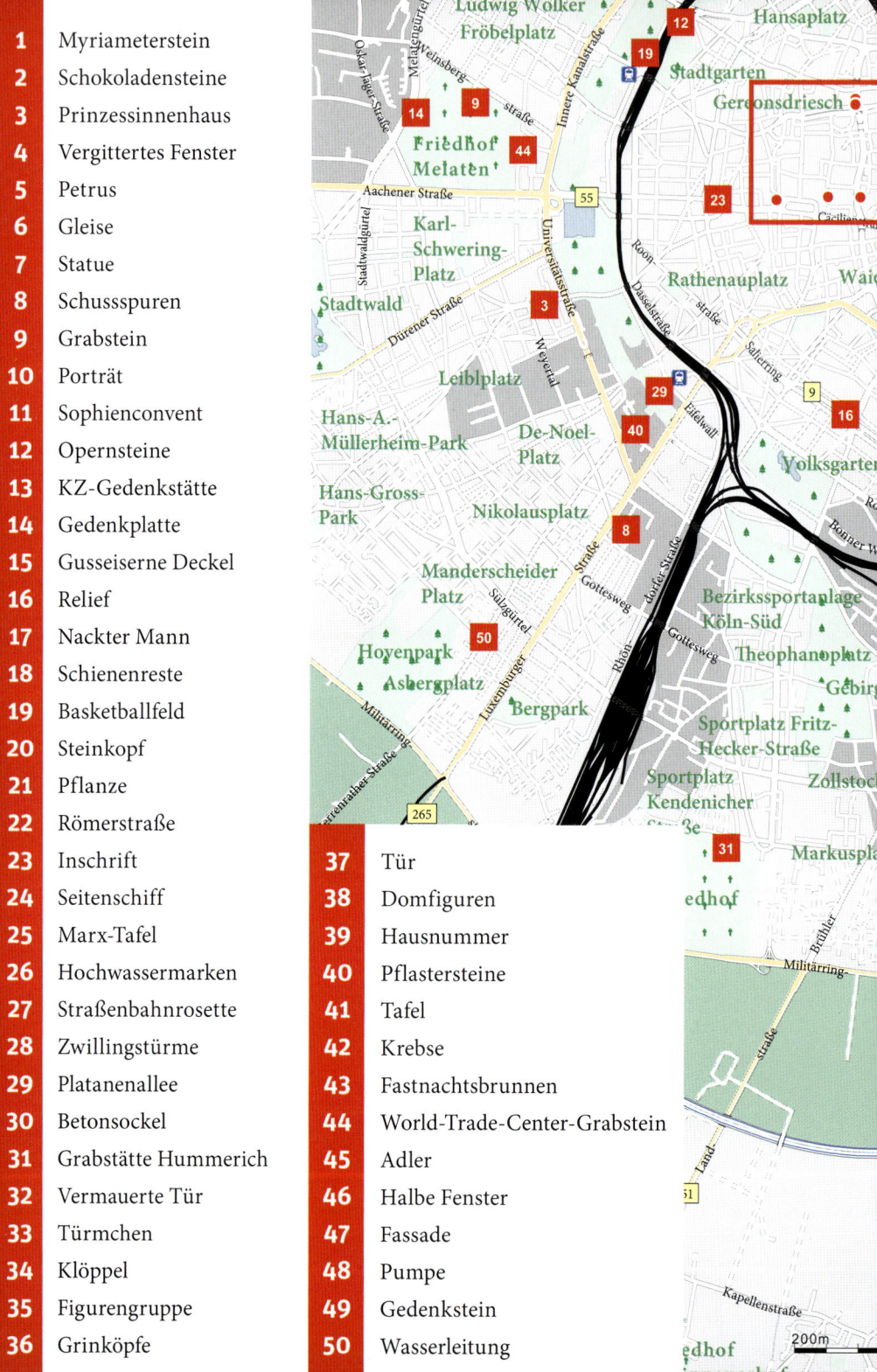

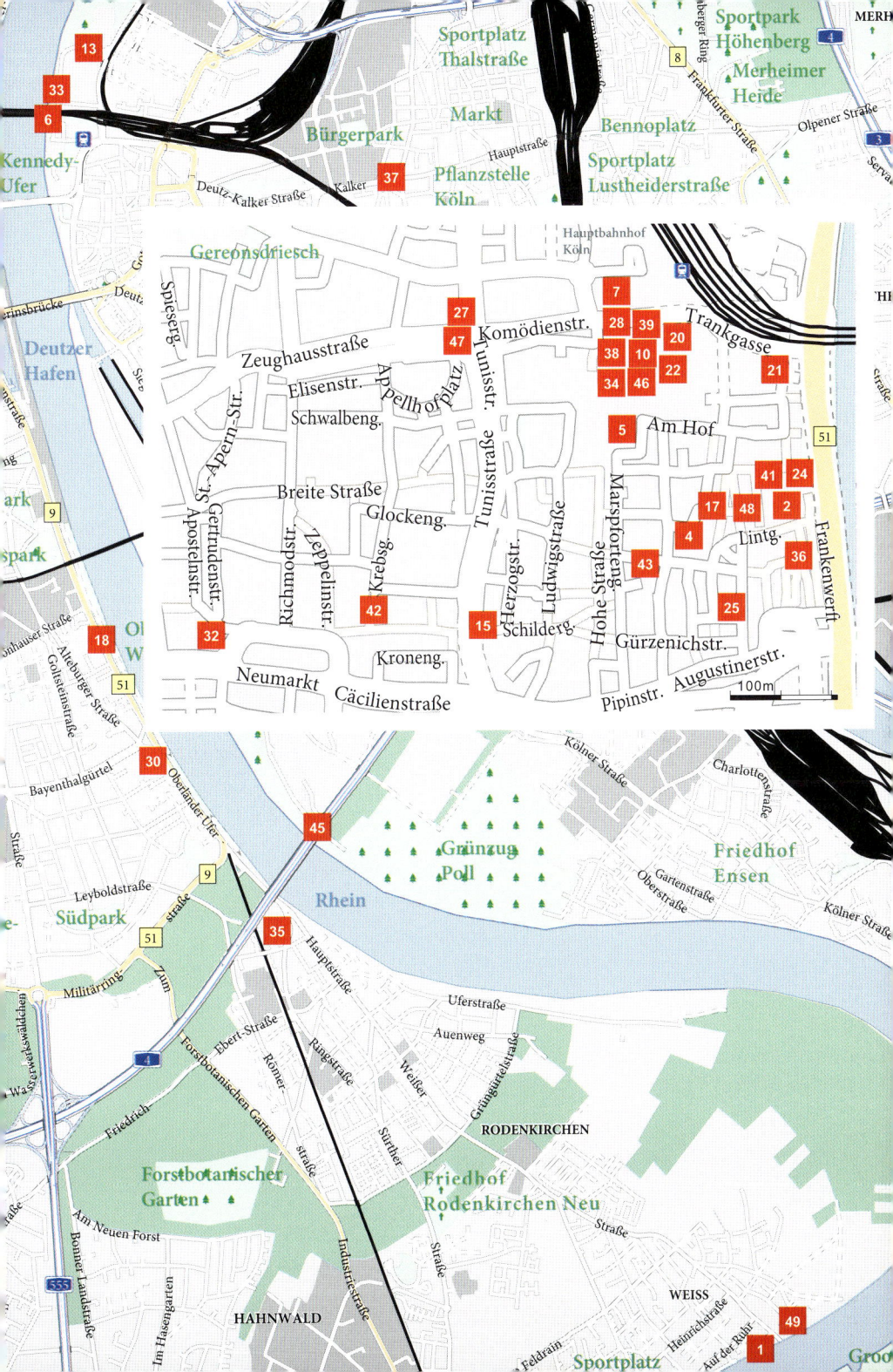

## SIE WOLLEN NOCH MEHR ÜBER

## WISSEN?

*Hier gibt es sachkundige Informationen:*

**Stefan Conée**
Stadtführungen zu Köln & Preußen:
„Ohne den neuen Landesherren wäre
der Dom heute noch nicht fertig".
und „Köln 1933-45: die dunklen,
Köln radikal verändernden Jahre".
Lukasstr. 24
50823 Köln
Telefon: 0221-25967029
E-Mail:
info@entdeckungstouren.koeln
Website:
www.entdeckungstouren.koeln

**Kölner Frauengeschichtsverein**
Rundgänge und Schiffstouren zur
Kölner Geschichte über (nicht nur
für) Frauen.
Marienplatz 4, 50676 Köln
Telefon: 0221-358265
E-Mail:
info@frauengeschichtsverein.de
Website:
www.frauengeschichtsverein.de
Di. und Do. 10-13 Uhr und nach
Vereinbarung

**Sabine Gläsel**
Stadtführungen in Köln für
Erwachsene und Kinder,
Durchführung von
Kindergeburtstagen.
Paulistr. 44
50226 Frechen
Telefon: 02234 / 962096
E-Mail:
info@entdecke-deine-stadt.de
Website:
www.entdecke-deine-stadt.de

**Elke Hecker**
Lebendige Stadtführungen, Bus- und
Schiffstouren, Event-Management
und VIP-Gästeservice.
Heikestr. 4
50999 Köln
Telefon: 0171 /4009933
E-Mail: info@blickpunkt-koeln.de
Website: www.blickpunkt-koeln.de
Mo. – Sa. 9-17 Uhr, So./Feiertage
9-18 Uhr

**Bruno Knopp, Dipl.-Geograph**
Maßgeschneiderte Köln-Touren!
Jede Tour nach Ihren Wünschen!
Hochqualitative, besondere und
witzige Führungen durch Köln, die
genau auf Ihren Bedarf
zugeschnitten sind. Erfrischende
Alternativen zum Üblichen für
private Gruppen und Unternehmen.
Zusätzlich gibt es pro Jahr etwa ein
Dutzend außergewöhnliche „offene"
Führungen, zu denen sich jeder
anmelden kann. Siehe unter
„Führungstermine" auf der
Homepage.
Telefon: 0221 / 9385005
E-Mail: info@stadtfuehrung-koeln-
individuell.de
Website: www.stadtfuehrung-koeln-
individuell.de

**Petra Lentes-Meyer**
Kulturvermittlung /
Erlebnisführungen in Köln und
Brühl
Danziger Str. 49
50858 Köln
Telefon: 02232 / 12188
E-Mail: info@lentes-meyer.de
Website: www.lentes-meyer.de

**Günter Schwanenberg**
Liedersucher und Geschichte(n)-
Erzähler – immer auf der Basis
historischer Volks- und
Karnevalslieder Kölns. „Kölns
vergnüglichste Geschichtsstunden"
werden bei Führungen und in
Konzerten vorgestellt.
Telefon 0221 / 99 29 64 65
E-Mail: stadtgeschichte@web.de

**Stadtarchiv**
Restaurierungspaten gesucht!
Durch den Einsturz des Historischen
Archivs am 3. März 2009 wurden
viele tausend Handschriften,
Amtsbücher, Akten, Karten, Pläne,
Fotos und Plakate stark verschmutzt
und beschädigt. Da die Schädigung
der Archivalien stetig voranschreitet,
müssen diese schnellstmöglich
konserviert und restauriert werden.
Mit einem finanziellen Beitrag
können Sie Restaurierungspate einer
selbst gewählten Archivalie werden.
Auf diese Weise beteiligen Sie sich an
der Rettung des wertvollen
Kulturguts.
Telefon: 0221 / 22129434
E-Mail: patenschaften-archiv@stadt-
koeln.de
Website: www.freunde-des-
historischen-archivs.de

**Stadtgeschichten Köln**
Stadtführungen der besonderen Art in Köln. Brauhaustouren, Stadtrallyes, Genusstouren, Veedelstouren, Kriminalführungen, etc. Organisation & Ausführung von Touren und Ausflügen im Umland.
Telefon: 0221/ 29870596
E-Mail: info@stadtgeschichten-koeln.de
Website: www.stadtgeschichten-koeln.de

**Wolfgang Stöcker**
Stadtspaziergänge zu historischen Themen, Staubführungen, Friedhofsführungen.
Am Fliederbusch 21
50827 Köln
Telefon: 0221/1793984
E-Mail: mail@stoeckers-stadt.de, info@deutsches-staubarchiv.de
Homepage: www.stoeckers-stadt.de, www.deutsches-staubarchiv.de
Öffnungszeiten: Buchungen per E-Mail rund um die Uhr, tagsüber per Telefon.

......................................................

**Publikationen:**

Stöcker, Dr. Wolfgang: Die letzten Räume – Sterbe- und Bestattungskultur im Rheinland. Köln 2006.

**Winfried Weber**
Stadtführungen mit Humor und Wissen durch Köln
Telefon: 0172 / 870 3533
E-Mail: weber@ihr-koelner-stadtfuehrer.de
Website: www.ihr-koelner-stadtfuehrer.de

....................................................................

*Besuchen Sie uns im Internet:* **www.bast-medien.de**

## Haftungsausschluss

Trotz intensiven Austauschs mit unseren Gesprächspartnern, gewissenhafter Literaturrecherche und aufmerksamem Korrekturlesen erheben wir weder einen Anspruch auf Vollständigkeit noch auf Fehlerlosigkeit. Wir haben streng darauf geachtet, keine Urheberrechte zu verletzen, unsere Recherchen sind nach bestem Wissen und Gewissen erfolgt. Dennoch übernehmen wir keinerlei Gewähr für die Aktualität, Korrektheit oder Vollständigkeit der bereitgestellten Informationen. Haftungsansprüche gegen uns schließen wir grundsätzlich aus.

## DIE
# *Geheimnisse der Heimat*
### AUS DER UMGEBUNG ...

# *Starke Frauen*
### UNSERER GESCHICHTE ...